本书出版得到

国家重点文物保护专项补助经费资助

江西省博物馆　编

彭明瀚　著

图书在版编目(CIP)数据

明代景德镇民窑纪年青花瓷 ／ 江西省博物馆编；
彭明瀚著. — 北京：文物出版社，2018.4
ISBN 978-7-5010-5578-4

Ⅰ. ①明… Ⅱ. ①江… ②彭… Ⅲ. ①青花瓷(考古)
－研究－景德镇－明代 Ⅳ. ①K876.34

中国版本图书馆CIP数据核字(2018)第070733号

明代景德镇民窑纪年青花瓷

江西省博物馆　编

彭明瀚　著

责任编辑：戴　茜　杨冠华
装帧设计：特木热
责任印制：梁秋卉

出版发行：文物出版社
社　　址：北京市东直门内北小街 2 号楼
邮　　编：100007
网　　址：http://www.wenwu.com
邮　　箱：web@wenwu.com
经　　销：新华书店
印　　刷：北京金彩印刷有限公司
开　　本：889mm×1194mm 1/16
印　　张：27
版　　次：2018 年 4 月第 1 版
印　　次：2018 年 4 月第 1 次印刷
书　　号：ISBN 978-7-5010-5578-4
定　　价：830.00 元

江西省博物馆 编　彭明瀚 著

明代景德镇民窑纪年青花瓷

The Ming Dynasty
Jingdezhen Kilns
Dating Blue and White Porcelain

上册

文物出版社

明代景德镇民窑
纪年青花瓷

The Ming Dynasty
Jingdezhen Kilns
Dating Blue and White Porcelain

目录

明代景德镇民窑纪年青花瓷研究 [1]

明朝初年，政府在景德镇设立御器厂，组织瓷器生产以满足宫廷需要，御器厂控制了最优秀的工匠、垄断了最优质的制瓷原料，尤其是在明代早、中期更是如此（图1）。御窑、民窑泾渭分明——御窑是指由政府直接管理并组织生产的官营陶瓷手工业作坊，只对皇帝和宫廷负责，往往随王朝的兴旺、统治者的提倡与追求、宫廷下达任务数量的加大及财政拨款数额的增加而发展，也随王朝的衰败而凋落；民窑是指民营陶瓷手工业作坊，其发展以政治环境为前提、以社会经济状况为依托。民窑青花来源于民间，为民所用，没有官式规范约束，因而在造型和纹饰上更能发挥工匠的想象力与创造力，画面简洁、写实，透出一种自然、稚气、率真的鲜活之美，从而使得民窑青花较御窑青花更为丰富多彩。当然，景德镇这种官、民并存的瓷业生产格局往往伴随着以官压民、以官限民、以官剥民。虽然御窑在景德镇陶瓷历史上发挥过巨大的推动作用，但论历史之悠久、服务之广泛、创新之主动、品类之丰富、市场之广阔，当数民窑。景德镇民窑青花艺术的发展，成为近年来古陶瓷界研究的热门课题。

御窑受宫廷严格制约，使得御窑瓷器呈现出规整、精细、华丽的特点。御窑瓷器作为一种工艺美术产品，有皇帝倚重的艺术家参与创作，包括器形设计和装饰绘画，不计工本，瓷器制作典雅、新奇，精美绝伦，能准确体现出一个时代瓷业技术的进步成就与审美倾向的变迁。皇帝的更替对御器厂来说，意味着必须立即适应新皇帝的品味，产品的风格亦随皇帝的喜好而变化，因而御窑瓷器时代特征较为明显，加之明宣德以来大多数瓷器有纪年款，当时各种官方文献中均有相关记载，且景德镇珠山明清御窑遗址的考

---

[1] 本书以江西地区出土明代景德镇民窑青花瓷为研究对象，兼及若干自身有纪年款且时代特征鲜明的瓷器。有明一代，青花瓷的烧造技术没有大规模扩散，最大产地在景德镇，虽然个别器物的窑口不一定属于景德镇窑，但至少是受景德镇窑影响，可以视为景德镇窑系。

图1 景德镇御器厂头门

这里是明清两代的御窑所在，明代称御器厂，清代改名为御窑厂，专责皇室用瓷烧造，是当时瓷器新产品的研发中心，引领着全国瓷业发展，为民窑瓷器生产提供了坚实的技术支撑，也是明清时期景德镇成为世界制瓷中心的关键所在。

古发掘也进行了多次，获得了可靠的地层资料，出土了大量瓷器标本[1]，因而学界对明代御窑的认识已较为深入，从胎质、造型、釉色、青花发色、纹饰等方面总结出了明代各阶段御窑青花瓷的特点。民窑的情况则完全不同，绝大多数器物无纪年款，即使明代后期发现了纪年款，也多为仿前代御窑瓷器款识，它自身并不能代表烧制的确切年代，历史文献中关于民窑的可靠记载几乎是空白。民窑作坊众多，布局分散，产量巨大，同期青花产品的外观特征和内在质量也存在较大差异，有精、粗之分，随意性较大，与御窑的严格规范迥然有异。至目前为止，还不能从考古地层学、类型学的层面建立起景德镇民窑青花瓷的断代体系，加之学界历来存在重官窑、轻民窑的倾向，大多数的研究工作都集中于官窑，民窑鲜有涉及，民窑青花面貌的多样性、发展演变的复杂性造成了民窑断代研究的难度。与官窑研究相比，景德镇民窑青花瓷的研究还处于为解决断代问题获取资料的初始阶段，尚待进一步深入。

〔1〕《景德镇明御厂永乐官窑历次发掘情况》，《景德镇珠山出土永乐官窑瓷器》，文物出版社，2007年；刘新园《景德镇珠山出土的明初与永乐官窑瓷器之研究》，《鸿禧文物》创刊号，（台北）鸿禧美术馆，1996年；权奎山《江西景德镇明清御器（窑）厂落选御用瓷器处理的考察》，《文物》2005年第5期；景德镇明清御窑遗址考古队《景德镇明清御窑遗址考古又有新发现》，《文物天地》2005年第9期。

一

我们在进行古陶瓷研究时，首先遇到的问题就是器物断代，如果不能准确地推定每件器物的制作年代，其他问题就难以深入探讨。考古学研究中为确定器物的时代，通常采用地层学、类型学和科学技术检测等手段。截至目前，学界尚未能从考古地层学意义上建立起景德镇民窑青花瓷的断代体系，地层学方法不能提供断代方面的科学依据，科学技术检测方法也尚未解决断代问题，因此只能采用类型学方法推断时代。每件器物都有自身的形制和纹饰特征，这些特征包含了其制作年代的重要信息。瓷器断代，重要的是对器物的形制和纹饰进行分析，然而要确定器物形制和纹饰的时代特征、发展演变规律，须有一批自身年代清楚的器物作为断代标尺，纪年瓷[1]正好可以起到这种作用。

千百年来，景德镇烧造的大量陶瓷器，尤其是青花瓷，深受人们喜爱，成为非常普通的生活用品，也是明代墓葬中常见的随葬品，因此江西明墓时有青花瓷出土。当时流行随葬墓志、地券等，部分墓葬有明确年代可考，所出青花瓷的年代下限清楚。江西境内有明确纪年的明墓出土的民窑青花瓷，是这一时期民窑青花瓷断代的标尺，为同类型的传世标本提供了可信的对比资料，为我们研究民窑青花瓷的器类演变、发展和分期断代、真伪鉴定提供了极为难得的标本，同时，也能对明代社会政治、经济科技、海外贸易、宗教风俗、陶瓷艺术等方面的研究起到一定的推动作用。本书遴选79件中华人民共和国成立以来江西各地发现的明代景德镇民窑纪年青花瓷进行介绍，以它们作为标准器或

---

[1] 本书所说的纪年瓷，是指器物自身有铭文，制作的绝对年代可考，能准确得知其具体年、月、日；或出土于纪年墓中，器物流传的下限清楚。这些器物无疑对认识民窑瓷器的时代特征十分重要。本书选用典型器79件，均为江西省各地出土的明代纪年青花瓷。

标准器物群[1]，依据这些年代清楚或年代范围明确的器物，对其他年代不明确的青花瓷的形制、纹样进行排比，探讨明代民窑青花瓷形制、纹样变化的共同规律。

　　江西地区，自古窑火不熄，万年县仙人洞烧成了世界第一件陶器，元代景德镇烧制出成熟的青花瓷，从此，景德镇逐步发展为享誉世界的瓷都。明政府在景德镇开办御器厂，对御窑生产进行直接指导和管理，有一批宫廷画师持续地提供新的瓷器设计图样，宫廷以下达官样的形式对瓷器的形制、花纹、数量等细节内容作出严格规定，集国家人力、财力、物力精心烧制的御窑瓷器力求尽善尽美（图2、3）。这在客观上

图2　明永乐青花釉里红龙纹梅瓶

引导并推动了包括民窑在内的整个瓷业生产的进步，制瓷工艺进入了崭新的发展阶段，呈现出一派"官民竞市"的繁荣景象，出现了以景德镇为中心的瓷业全面发展时期，"工匠八方来，器成天下走"。从这个角度来看，御器厂是景德镇瓷业发展的原创中心，御器厂的设立是景德镇成为明清中国瓷业中心最重要的原因。明代景德镇的民间窑场从盛产优质瓷土的瑶里开始（图4），沿东河流域、南河流域以至昌江两岸及现今市区（图5），北起观音阁，南到小港咀，西至官庄，东到湖田（图6），连绵不断，

图3　明宣德青花龙纹碗

〔1〕所谓标准器和标准器物群，是指其年代清楚，具有鲜明的时代特征，代表某一时期的工艺水平成就，可作为其他器物进行比较分析、进而断代的基础，在胎质、釉色、纹饰、器形、款识等方面有比较明显的特征。其中胎质、釉色应该有较好的参考性；纹饰中有一些应该是当时和前、后若干年代中都能见到的传统纹样，能据此加以区别、比较和确定这类纹样发生变化的大致走向，即规律性；器形应该是当时和前、后若干年代中的常见器物并能据此加以对照、排比和分辨这类器形变化特征者；款识对确定器物制作年代具有定性的作用，并对其前、后若干年代的器物款识存在一定的参考意义，如书写风格、排列方式等。

图 4　浮梁县瑶里明代前期窑址作坊遗迹

宋元时期，景德镇窑场多坐落在制瓷原材料易于获取的山区，那时制瓷业还是农业的副业。明代中后期，随着制瓷业专业分工的精细和商品经济成分的增长，窑场才开始向现在的市区集中。

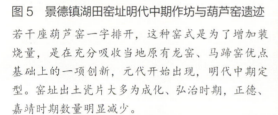

图 5　景德镇湖田窑址明代中期作坊与葫芦窑遗迹

若干座葫芦窑一字排开，这种窑式是为了增加装烧量，是在充分吸收当地原有龙窑、马蹄窑优点基础上的一项创新，元代开始出现，明代中期定型。窑址出土瓷片大多为成化、弘治时期，正德、嘉靖时期数量明显减少。

图 6　景德镇明清御窑遗址明代作坊与马蹄窑遗迹

若干座马蹄窑一字排开。这种窑式装烧量小，易于控制窑温，提高成品率，景德镇明清御窑基本以这种窑式为主，也是御窑不计成本的最好体现。据《江西省大志》卷七《陶书》记载，明代御器厂有窑 58 座。

比比皆是，分布广泛，规模宏大。明前期以瑶里一带最为集中，目前已查明古窑包30余处，其中最大的一处高11米，面积超过4000平方米[1]。青花瓷是景德镇明代民窑生产的主流产品，也是墓葬中最为常见的随葬品。据初步统计，江西各地出土明代纪年青花瓷共有56批129件，以瓷都景德镇、明益王府所在地南城以及景德镇瓷器外销线路之抚河线水陆转运点广昌三个区域最为集中（图7），其中，景德镇11批29件，南城6批29件，广昌11批21件，占总数的54%，以南城历代益王墓出土青花瓷品质最好。这些纪年青花瓷，年代涵盖了自明正统以来的11朝[2]，其中19件有题款，绝对年代明确，其余110件，出土于纪年墓中，下限清楚，相对年代可以确定，成为这一时期民窑青花瓷器断代的年代坐标。

当然，纪年墓的情况比较复杂，下葬年代并不等同于器物制作年代，在使用纪年墓资料时，既要正确区分它们是明器还是日用器物，又要正确区分器物的制作年代与埋藏年代，要具体问题具体分析。如果是明器，有两种情况。一种可能是墓主死后及时埋葬，埋藏时间接近器物制作时间，这是较为常见的现象。另一种可能是墓主死后，出于某种原因没有及时埋葬，瓷器制作时间与埋藏时间之间可能有较长的距离。但是，出土于棺内的瓷器，在死者入殓时就已放入棺内，即使是停枢数年乃至十余年才下葬，仍然不能把其烧制时间与下葬时间等同，而是与死亡时间接近。因为在晚明时期，江西地区风水信仰流行，为求得黄道吉日、找到风水宝地，人死后停枢数年乃至十余年、数十年才下葬的现象时有发生，下葬数年乃至数十年后再迁葬的情况也存在。正如明人张萱所云："今

---

〔1〕陈万里《景德镇几个古代窑址的调查》，《文物参考资料》1953年第9期；刘新园等《景德镇湖田窑考察纪要》，《文物》1980年第11期；虞刚《景德镇东河流域窑址调查简报》，《中国陶瓷》1982年第7期。

〔2〕江西省广昌县南明弘光元年（1645年）墓，出土青花克拉克瓷3件，虽然已经进入清代纪年，为清顺治二年，但考虑到这一地区属于南明政权的控制范围，所出青花瓷也与该地区明末青花瓷相当接近，所以一并收录。

图 7　江西各地明代景德镇民窑纪年青花瓷出土地点分布示意图

图 8　益庄王墓出土嘉靖、万历款青花瓷

这两件青花瓷，制作精工，均属民窑上品，出于同一墓中，自身有纪年款，嘉靖青花发色靛蓝，万历青花发色蓝艳，二者区别明显。

俗过信堪舆，多停棺于土上，以砖石甃之，至数十年远，不瘗埋者。"[1]如果进行了迁葬、合葬等二次葬，因埋葬时间有先后，不同批次的随葬品，其年代需要认真甄别。此外，随葬品也可能有所增减、扰乱，情况就更为复杂，像德兴正统十二年（1447年）墓和上饶嘉靖二十七年（1548年）墓，均为迁葬墓，前后两次埋藏时间相差30余年。如果随葬品是日用瓷器，情况比明器还要复杂，明益庄王夫妇合葬墓即是典型例证。据发掘报告，埋藏时间有嘉靖二十五年（1546年）、嘉靖三十六年（1557年）、万历十九年（1591年）3个，前后相差45年（图8），且第三次埋藏时，扰乱了前两次的随葬品，还特地为6件早期埋藏的罐配上万历年间的碗作为器盖。这批瓷器，造型规整，装饰精美，属于嘉靖、万历时期民窑青花细器中的上品，原本是益王府的日用瓷，后因某种需要而拼凑在一起埋入墓中。按照考古学的常识，万历十九年是其确切的年代下限，其埋藏时间与制作时间之间应有一段距离，有"大明嘉靖年制"款的10件器物，制作时间在嘉靖年间，嘉靖朝历时45年，这样，其制作时间与埋藏时间之间误差为19～63年。因此，纪年墓材料只能给我们指示年代下限或一个相对的年代范围。即使如此，它们仍然具有很高的研究价值，墓葬中往往随葬有成组器物，大大丰富了可供参考的器类、器形和纹饰。

---

〔1〕（明）张萱《疑耀》卷四"假葬"，据《岭南遗书》本。

二

鉴于民窑青花瓷的复杂性和纪年墓材料的相对性，在目前有绝对纪年的民窑青花瓷标本不甚丰富的情况下，还不能像御窑瓷器那样，以皇帝年号为单位来总结其内在规律，只能从总体风格的视角切入这一问题。我们认为，明代民窑青花瓷大致可以分为明初的发展期、明中期的成熟期和明晚明的极盛期三个阶段[1]。

发展期（1368～1505 年），历洪武、建文、永乐、洪熙、宣德、正统、景泰、天顺、成化、弘治九帝十朝，计 138 年。这一时期社会经济发展，政局稳定，专制政权稳固，政府极力维护御窑的统治地位，垄断麻仓山瓷土、进口苏麻离青钴料一类的优质原料，通过"轮班匠""编役匠"制度占用当时最熟练的制瓷技术工人，对其产品不厌其精，不计成本。青花瓷的制作，在元代成熟的生产技术的基础上日益精进，御窑胎质洁白细腻，釉层晶莹肥厚，青花发色浓艳。永乐、宣德年间，御器厂烧制了许多青花精品，精美隽绝，极负盛名，成为我国御窑青花瓷的黄金时代。这一时期的民间青花瓷制作受到御窑的种种抑制，加之社会经济尚处于恢复期，社会购买力不足，瓷业生产发展缓慢，产品不及御窑精致细腻，胎质较粗，釉面乳浊，发色灰暗，工艺粗糙，装烧多采用涩圈叠装或沙垫，总体格局是御窑胜于民窑。不过，宣德朝后期，经过明初几十年的发展，经济复苏，社会购买力随之提高，景德镇民窑因此快速兴起以满足社会需求，产品质量明显提高，典型的例子是，正统元年（1436 年）浮梁县陆子顺成功地一次性向宫廷进贡瓷器 5 万多件[2]，一个景德镇普

---

[1] 学术界目前比较一致的看法是，分别以正统十四年（1449年）土木堡之败和万历九年（1581 年）张居正推行"一条鞭法"为标志，将明朝分为早、中、晚三期，这是政治史的分期方法，民间陶瓷发展史虽然与政治史紧密相关，但也有自身的发展演变规律，不一定随着皇位的更替而立即发生改变。因此，虽然我们在本书中也把明代景德镇民窑青花瓷分为早、中、晚三期，但二者之间略有出入。

[2] 《明实录·英宗实录》卷二二"正统元年九月乙卯"条，中华书局，2016 年。

通百姓一次能进贡数量如此之多的瓷器，其生产工艺水准、生产规模、生产能力及交通运输组织能力可见一斑。即使是在万历前期御器厂烧造任务饱和的年份，御器厂每年烧造经费约为白银1万两，向宫廷进贡大小瓷器约1万件，每件瓷器平均成本约值白银1两，那么5万件瓷器，则相当于御器厂5年的进贡数，价值白银5万两。明代江西全省每年夏税折银约4.8万两[1]，江西九江钞关、赣关全年收税约5万两[2]。也就是说，陆子顺一次性进贡瓷器的价值相当于全省1年的夏税折银数额，相当于九江钞关、赣关全年的收税数额。当时景德镇民窑一处中型作坊，全年产值约540两[3]，陆子顺一次性进贡瓷器价值相当于景德镇920个中型作坊一年的产值折银数额。横向比较可以看出，陆子顺不是一个普通的"平民"，而是一名富可敌国的大瓷商。正统、景泰、天顺三朝，政局不稳，工部下达的官样订单极少，景德镇御器厂生产任务不饱和，御窑生产进入低谷，以陶为业的匠户为了生计流入民窑，自然将御窑先进的生产工艺、新颖的器形、优美的装饰图样乃至先进的管理方式、生产组织方式带入民窑作坊。为此，明政府分别于正统三年（1438年）、正统十二年（1447年）先后两次下诏禁止景德镇民窑烧造官样瓷器。

命都察院出榜，禁江西瓷器窑场烧造官样青花白地瓷器于各处货卖及馈送官员之家。违者正犯处死，全家谪戍口外。[4]

禁江西饶州府私造黄、紫、红、绿、青蓝、白地青花等瓷器。命都察院榜谕其处，有敢仍冒前禁者，首犯凌迟处死，籍其家赀，丁男充军边卫，知而不以告者连坐。[5]

---

〔1〕方志远、谢宏维《江西通史》（明代卷），第67页，江西人民出版社，2008年。

〔2〕方志远、谢宏维《江西通史》（明代卷），第63~66页，江西人民出版社，2008年。

〔3〕梁淼泰《明清景德镇城市经济研究》，第47页，江西人民出版社，2004年。

〔4〕《明实录·英宗实录》卷四九"正统三年十二月丙寅"条，中华书局，2016年。

〔5〕《明实录·英宗实录》卷一六一"正统十二年十二月甲戌"条，中华书局，2016年。

正统三年禁令禁的是官样中的青花瓷，正统十二年禁令范围扩大到各种官样瓷器，强调的是御用，这一年正好是明英宗朱祁镇成年亲政之年，此举有加强中央集权的意图。中华人民共和国成立以来60多年的考古工作表明，明朝禁令产生了一定效果。江西省新建县正统二年（1437年）宁王朱权长子朱盘炵墓出土青花缠枝莲纹盖罐5件，胎细釉白，花纹生动秀丽，是高档民窑青花细瓷，属于官样。江西省永修县刑部尚书魏源夫妇合葬墓，魏源卒于正统八年（1443年），墓中仅随葬1件龙泉窑青釉烛台（图9），没有发现青花瓷；其夫人死于成化三年（1467年），墓中则出土青花花卉纹碗2件（见后文彩版17）[1]。江西省新建县正统十四年（1449年）朱权墓仅随葬了6件造型、大小与朱盘炵墓相近的白釉盖罐（图10），未发现青花瓷[2]，表明这一禁令不仅针对普通百姓，皇室贵胄亦概莫能外。

明代永乐、宣德年间，郑和七下西洋，郑和船队行程十余万里，足迹遍及东南亚、南亚和东非的满剌加、天方（今沙特阿拉伯麦加）、慢八撒（今肯尼亚蒙巴萨）等37个国家和地区，开辟了历代海上丝绸之路中航程最长的远洋航路。其活动范围从中国南海之滨，经南海入印度洋，延伸至西亚、东非的广大地区，其西北方向的航路直通波斯湾、阿拉伯海和红海，西南方向的航路，沿东非海岸越过赤道，到达今莫桑比克索法拉港。这一时期中国与亚非各国之间的海上贸易空前繁荣。郑和下西洋，对景德镇瓷器生产、销售起到了巨

图9　龙泉窑青釉烛台

图10　白釉盖罐

〔1〕江西省博物馆《江西玉山、临川和永修县明墓》，《考古》1973年第5期。

〔2〕江西省博物馆等《江西明代藩王墓》，第13页，文物出版社，2010年。

大的推动作用，将市场拓展到印度洋沿岸[1]。此后，中国民间商队犯禁下海，穿梭在过去由阿拉伯人主宰的海上陶瓷之路上。《皇明条法事类纂》卷二〇"佞买番货"详载了广州地方官员查处景德镇瓷器出产地浮梁县方氏兄弟伙同他人走私景德镇瓷器的案件。

> 成化十五年正月二十六日，广东按察司奏准。本司巡视海道副使张诘关问得犯人方敏，招系江西饶州浮梁县人。成化十四年三月内……商同弟方祥、方洪各不依听，共凑银六百两，买得青白花碗碟盆盏等项磁器，共二千八百个，用舡装至广城河下，遇有熟识广东揭阳县民陈祐、陈荣，海阳县民吴孟，各带青白苎麻等布，亦在本处货卖。敏等访得南海外洋有私番舡一只出没，为因上司严禁，无人换货，各不合与陈祐、陈荣、吴孟谋允，雇到广东东莞县民梁大英，亦不合依听，将自造违式双桅橹舡一只，装载前项磁器并布货。于本年五月二十二日，开舡越过缘边官富等处巡检司，远出外洋。到于金门地方，遇见私番舡一只在彼，敏等将本舡磁器并布货兑换得胡椒二百一十二包、黄腊一包、乌木六条、沉香一扁箱、锡二十块过舡，番舡随即挂篷使出外洋，不知去向。敏等艚舡使回里海，致被东安千户所备倭百户郭庆等哨见，连人舡货物捉获，呈解巡海张副使处，蒙行广州府卫，委官眼见秤盘，得胡椒、乌木、黄腊、番锡、沉香，俱解送布政司官库收贮，舡只发回南海卫，改造战舡备倭，将敏等取问罪犯，议得方敏、方祥、方洪、陈祐、陈荣、吴梁、孟大英俱合依缘边关塞者律，杖九十，徒二年半。

这段记载表明，当时既有中国商人私自贩运瓷器出洋，也有外商到中国近海收购瓷器，即使在海禁时期，民间带有走私性质的瓷器贸易依然活跃，一次走私瓷器多达2800件。浮梁人在走私瓷器的过程中与外商交往频繁，天长日久，甚至学会了对方的语言。正德十二年（1517年）葡萄牙向中国派出第一个官方使团，"其通事乃江西浮梁人也"，后来

---

〔1〕彭明瀚《郑和下西洋·新航路开辟·明清景德镇瓷器外销欧美》，《南方文物》2011年第3期。

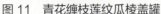

图 11　青花缠枝莲纹瓜棱盖罐

图 12　青花山石云气纹筒式炉

默许葡萄牙人在澳门"上岸筑屋"的海道副使汪柏，也是浮梁人[1]。

　　江西各地纪年墓中所见属于本期的青花瓷有新建县正统二年宁惠王朱盘烒墓出土青花缠枝莲纹盖罐 5 件、景德镇落马桥窑址出土弘治十四年款（1501 年）柳树人物纹碗等共 16 批 43 件[2]。江西以外地区纪年青花瓷的重要发现主要有江苏省南京市牛首山弘觉寺塔正统七年（1442 年）地宫出土青花瓜棱盖罐 4 件（图 11）[3]、四川省平武县古城小坪山景泰年间（1450～1457 年）王玺家族墓地出土青花山石云气纹筒式炉（图 12）[4]、故宫博物院藏天顺款青花阿拉伯文奁式炉（图 13）[5]、1988 年广东省东莞皇村区天顺三

〔1〕万明《万里同风：明代青花瓷崛起的历程》，《逐波泛海
　　——16～17 世纪中国陶瓷外销与物质文明扩散国际学术
　　研讨会论文集》，香港城市大学中国文化中心，2012 年。

〔2〕彭明瀚《江西纪年墓出土明代景德镇民窑青花瓷研究》，
　　《故宫博物院院刊》2007 年第 1 期。

〔3〕张柏主编《中国出土瓷器全集》第 7 卷，第 195、196 页，
　　科学出版社，2008 年。

〔4〕张柏主编《中国出土瓷器全集》第 10 卷，第 155 页，科
　　学出版社，2008 年。

〔5〕故宫博物院编《故宫陶瓷馆》下编，第 311 页，紫禁城
　　出版社，2008 年。

图 13　天顺款青花阿拉伯文奁式炉

图 14　青花缠枝莲纹盖罐

图 15　天顺款青花缠枝牡丹纹长颈瓶

年（1459 年）罗亨信墓出土青花缠枝莲纹盖罐 5 件（图 14）[1]、香港艺术馆藏天顺五年款（1461 年）青花缠枝牡丹纹长颈瓶（图 15）[2]、山西博物院藏 "天顺七年大同马" 款（1463 年）青花奁式炉（图 16）、1989 年安徽省含山县财政局宿舍工地弘治纪年墓出土青花盖罐

〔1〕张柏主编《中国出土瓷器全集》第 10 卷，第 61 页，科学出版社，2008 年。

〔2〕江西省博物馆、香港中文大学文物馆编《江西元明青花瓷》，图版 43，香港中文大学文物馆，2002 年。

5件（图17）[1]、1980年广西桂林市弘治三年（1490年）昭和王朱规裕墓出土青花鱼藻纹梅瓶2件（图18）[2]。运输本期景德镇瓷器的著名沉船有菲律宾潘达南岛沉船（图19）、利纳浅滩沉船（图20）、圣伊西德罗沉船（图21）[3]等，它们也是当时存在瓷器走私贸易的物证。

以上这些标本年代涵盖正统、景泰、天顺、成化、弘治四帝五朝，历时68年。此前历时六朝的民窑青花，处于元青花向明代青花的过渡阶段，时代风格处在形成期，因无纪年标本作为断代依据，面貌隐晦不彰。而本期纪年标本，绝大多数属于粗瓷，器形单调，主要有盖罐、长颈瓶、梅瓶、盘、碟、碗、双耳瓶、香炉、净水碗等，只有炉的式样比较多，有筒式炉、奁式炉、连座炉，双耳瓶、香炉、净水碗等都是专门为随葬烧造的明器，制作粗劣，多数器物底足露胎，有火石红，存在矮扁、缩釉等烧造缺陷。从总体风格来看，本期青花瓷相当于景德镇湖田窑第八期[4]，以成化为界，可分为前、后两段。前段为正统、景泰、天顺三朝，即古陶瓷界所说的"空白期"，装饰题材少，装饰性纹样以折枝花、缠枝莲纹占多数，兼及云气兰石、松竹梅三友纹、缠枝捧八宝、十字宝杵、月华纹和龙纹等，缠枝捧八宝、十字宝杵、

图16　天顺款青花奁式炉

图17　青花人物纹盖罐

---

〔1〕张柏主编《中国出土瓷器全集》第8卷，第222页，科学出版社，2008年。

〔2〕桂林博物馆编《靖江藩王遗粹——桂林博物馆珍藏明代梅瓶》，图版51，上海人民美术出版社，2000年。

〔3〕[菲]卜迪桑·奥里兰尼达《菲律宾沉船发现的明代青花瓷》，《江西元明青花瓷》，第211～220页，香港中文大学文物馆，2002年。

〔4〕江西省文物考古研究所、景德镇民窑博物馆《景德镇湖田窑址：1988～1999年考古发掘报告》，第462、463页，文物出版社，2007年。

图 18　青花鱼藻纹梅瓶

图 19　青花缠枝花卉纹碗

潘达南岛沉船出水，菲律宾国家博物馆藏

图 20　青花松竹梅纹盘

利纳浅滩沉船出水，菲律宾国家博物馆藏

图 21　青花花卉纹盘

圣伊西德罗沉船出水，菲律宾国家博物馆藏

月华纹往往绘于碗、盘类日用器的内底，仰莲、覆莲等各式
莲瓣纹和回纹常作为边饰绘于器盖、器肩、下腹等处。纹样
结构简单，多以线条勾绘，辅以笔触粗略的拓染构成画面，
表现方法程式化，缠枝花卉枝叶不交不蔓。青花用国产料，
呈青灰色，积青处多见铁锈斑痕，画意豪放，笔触流畅。

　　成化、弘治时期为后段，民窑青花产量大增，从湖田
窑历年的考古发掘来看，湖田窑第八期堆积绝大部分属于
成化、弘治时期，成化以前的青花瓷片很少（图22）[1]。
此段青花瓷出现了新的风格。造型轻巧秀逸，线条柔和。
制作精细，胎体开始趋薄，胎质细腻，细瓷釉色白中闪青，
粗瓷釉色白中泛灰青，也有的因烧成气氛不好而呈"炒米黄"
色，如成化三年（1467年）墓出土青花花卉纹碗（见后文
彩版17）。青料改用平等青[2]，呈色以深青沉静为基调，
有的深沉幽暗，有的灰淡青雅，蓝中微泛灰，纹样笔触清晰，
不晕不散，无本期前段常见的褐黑斑点。绘画笔法多样化，
以轻巧俊秀为特色，主题纹饰单线平涂，辅助纹饰勾勒。
图案性的纹饰占很大比例，龙纹、十字杵、婴戏图较为常见。

[1] 江西省文物考古研究所、景德镇民窑博物馆《景德镇湖田窑址：1988～
　　1999年考古发掘报告》，第462、463页，文物出版社，2007年。

[2] 明正德十年（1515年）本江西《瑞州府志》卷五云："上高天则
　　岗有无名子，景德镇用以绘画瓷器。"这是景德镇在正德时期使用国
　　产料的明确记载。明嘉靖《江西省大志》卷七《陶书》云："陂塘青
　　产于本府乐平一方。嘉靖中，乐平格杀遂塞。石子青产于瑞州诸处。"
　　无名子与石子青是同一种材料，是绘画瓷器原料的不同名称。当时进
　　口料难得，国产料料性又不稳定，易晕散，图案不美观。窑工在长期
　　实践中，在元代以来涂拓画法基础上发明了分水画法，有效解决了国
　　产青花料晕散的问题。国产料的另一个不足是纯度不够，青花发色偏
　　灰黑，这一问题直到嘉靖、万历年间才得以有效解决。

图22　景德镇湖田窑第八期
青花人物纹瓷片

折枝花的花朵呈螺旋状，藤本植物的藤体呈弹簧状，缠枝纹的隙间填细小蔓草或卷叶。人物纹增多，最常见的是携琴访友，入画的高贤逸士，衣衫、髻带随风飘起，脚下是疾风劲草，背后是祥云密布，绿水青山，或行若流云，超然脱俗，或悠闲自得，潇洒自如，表现了当时文人隐士悠游闲适的生活情趣。这些画面受当时文人画风影响，讲究笔墨与意境，不以形似为目标，所绘人物往往是寥寥数笔略加点染，勾勒出人物的神情风貌即可，人物往往与疏朗空灵的背景融为一体，如弘治十五年（1502 年）墓出土青花高士图三足炉（见后文彩版 24）、弘治十七年（1504 年）墓出土青花人物纹盖罐（见后文彩版 25）等。

三

　　成熟期（1506～1602 年），历正德、嘉靖、隆庆、万历前期三朝半，计 96 年，几乎涵盖整个 16 世纪，其结束的标志是万历三十年（1602 年）景德镇御器厂被毁。本期是明代社会生产力发展最快、社会生活变化最剧烈、社会关系调整最深刻的时期。此时明王朝建立已经 100 多年，社会经济得到了恢复和长足发展，人口增加，专业化市镇快速兴起，工商业逐渐繁荣。过去作为农业副业的家庭手工业从农业中分离出来向专业化、商品化生产转化，人口向市镇集中，城镇化加速，中产阶级队伍壮大，人们购买能力、消费欲望增强，这就是当时文人所说的社会风气日趋"奢靡"。在手工业领域，明初以来实施的"轮班匠""编役匠"制度流于形式，工匠不必按期到御器厂服役，从嘉靖四十一年（1562 年）开始，一律"以银代役"，编入匠户的 300 多名御器厂工匠可以自由选择工作的窑场，哪家作坊提供的报酬高就去哪家作坊工作。如此一来，优秀的工匠大都流向了民窑，御器厂与前期相比呈现出日渐衰落的趋势，生产效率低下，御窑产品质量明显下降，难以满足宫廷的高标准要求。与御窑形成鲜明对比的是，随着商品经济的发展与海禁的开放，民窑逐步开拓生产领域，革新工艺技术，以适应社会多方面的需求，瓷业生产技术在国内外市场旺盛需求的刺激下获得了突飞猛进的发展，形成了初具规模、蓬勃发展的民窑瓷业生产格局，产品质量与御窑不相上下，民窑中出现了一批专门生产高级细瓷的窑户，诸如"官古户""假官古户""上古户""中古户"等。

官古器。此镇窑之最精者，统曰官古，式样不一，始于明，选诸质料，精美细润，一如厂官器，可充官用，故亦称官。今之官古，有混水青者，有淡描青者，有兼仿古名窑釉者，若疑为宋之汴杭官窑则误。

假官古器。始于明，亦非仿汴杭官窑，乃镇瓷之貌为精细而假充官古式者。质料不及官古器，花式则同，有专造此种户，所谓充官古也。

上古器。始于明，镇窑之次精者，统称上古。质料工作颇佳，其曰古者，以时尚古器，非仿宋代器式，或曰精细似过于景德窑。

中古器。明以来镇窑统曰中古，精而又次之器也。质料不及上古，故云古，其称古意则同前。[1]

官窑、民窑生产新格局的出现，迫使明朝政府对瓷器烧造进行相应的改革，"官搭民烧"制度应运而生。所谓"官搭民烧"，就是御器厂只承担工部下达烧造宫廷用瓷的所谓"部限"任务，宫廷所需"钦限"瓷交由民窑烧造。"旧规。本厂凡遇部限瓷器，照常烧造，不预散窑。惟钦限瓷器，数多，限逼，一时奏办不及，则分派散窑，择其堪用者凑解，固一时之权法也。但分派烧造，宜于本厂附近里仁镇市及长乡三都。"[2]工部每年颁发烧造宫中所需瓷器的额定任务，即部限瓷器，由景德镇御器厂烧造；而皇帝颁令临时紧急烧造的钦限瓷器，大部分已散搭于民窑，由一些烧造质量好的民窑，即"官古户"来完成。既然由民窑承担钦限瓷器的烧造任务，优质制瓷原料和先进制瓷技术也必然在民窑应用，比如麻仓山官土、回青料，西域进口的回青钴料，"价倍黄金"，只准用于烧制御用瓷器，且由府库统一购买、管理、配给。

陶土出浮梁新正都麻仓山，曰千户坑、龙坑坞、高路坡、低路坡，为官土……

---

[1]（清）蓝浦《景德镇陶录》卷二"镇器原起"条，《中国陶瓷名著汇编》，中国书店，1991年。

[2]（明）王宗沐《江西省大志》卷七《陶书》，（台北）成文出版社，1982年。

石末出湖田一二图，里长交纳……釉石、釉土出新正都。曰长岭，作青黄釉；曰义坑，作浇白釉。[1]

镇土牙戴良等赴内监，称高岭土为官业，欲渐以括他土。[2]

先是奏回青出吐鲁番异域，去京师万余里，去嘉峪关数千里。而御用回青系西域回夷大小进贡，买之甚难。因命甘肃巡抚田乐设法召买进，以应烧造急用，不许迟误。[3]

陶用回青，本外国贡也。嘉靖中遇烧御器，奏发工部，行江西布政司贮库时给之。每扛重百斤（旧陂塘青产于本府乐平一方。嘉靖中，乐平格杀遂塞。石子青产于瑞州诸处。回青行，石子遂废）。属者官按职闭匦，为市收开厢喜钱，散青常例。[4]

在浮梁县，优质瓷石、高岭土均被定为官土，民窑不得开采；回青被政府垄断，民窑难以获取。正因为回青钴料珍贵、发色效果好，又极难获得，景德镇民窑业主想尽一切办法获取回青钴料以提高产品质量和竞争力，于是在景德镇御器厂便出现了诸多盗窃回青钴料的行为，管理者也出台了相应的反盗窃的措施。

至于敲青（首用锤碎，内朱砂斑者为上青，有银星者为中青，每斤可得青三两）、淘青（敲青后取其奇零锁碎碾碎，入注水中，用磁石引杂石，真青沉淀，每斤可得五六钱）、画青（每日辰、午二次集工役分青染渍），懒嫚容隐，止令匠师巡视，匠师翼奸，熟恶众伙窃取，每斤报青多不过一两二钱，厄漏鼠穴，颁给回青，只资盗囊耳。后议敲青时，各置小桌，加以尺高纱罩，当面一方用布为之，开凿二孔，缝缀袖笼二个，逮匠人手入，即以袖缀带系肘后，不得伸缩窃取……（画青之日）

［1］（明）王宗沐《江西省大志》卷七《陶书》，（台北）成文出版社，1982年。

［2］《江西通志》卷四九《舆地略》，光绪七年刻本。

［3］《明实录·神宗实录》卷三〇一"万历二十四年八月癸未"条，中华书局，2016年。

［4］（明）王宗沐《江西省大志》卷七《陶书》，（台北）成文出版社，1982年。

皂快升桌，瞭望周遭巡逻。食时散工，出入搜察，防带入石青偷出回青之弊。[1]

据此可知，当时御器厂工匠在民窑高价收购的引诱下，借工作之便，采取各种方式窃取珍贵的回青料，或在敲青时直接窃取，或在画坯时偷工减料，省下回青料带出，或偷梁换柱，以次等的石青料替换优质的回青料，其直接后果是御窑瓷器质量得不到保障，民窑因采取不正当手段获取了进口回青料，也能生产出质量可与御器厂媲美的细瓷。既然实行了"官搭民烧"制度，民窑在承接钦限瓷烧造任务时，必定同步调配优质官土和回青料等以往只有御器厂才拥有的制瓷原料，并使之合法化。民窑除搭烧御用瓷器外，也私自将供御瓷器专用的官土、钴料等原料以及官样和生产工艺用于民窑器的烧造："今器贡自京师者，岁从部降式造，特以龙凤为辨，然青色狼藉，有司不能察，流于民间，其制无复分。"[2]嘉靖以后，搭烧民窑的现象更为普遍，"隆、万时，厂器除厂内自烧官窑若干座外，余者已散搭民窑烧"[3]。所以，嘉靖以来"官搭民烧"制度的确立，使得御窑控制的工艺技术传入民窑，打破了以往官窑、民窑相互对立、排斥的局面，二者相得益彰，相互促进，推动了民窑的迅速发展。嘉靖时期"官搭民烧"制度的实行，在客观上引导并推动了包括民窑在内的整个瓷业生产的进步，制瓷工艺进入了崭新的发展阶段，呈现出一派"官民竞市"的繁荣景象，出现了以景德镇为中心的瓷业全面发展的格局。景德镇民窑生产了大量青花瓷，景德镇瓷器几乎占领了国内主要市场，我国瓷业生产由宋、元时期的"百花争艳"演变为明代景德镇"一枝独秀"的局面。这一时期民窑业人才辈出，涌现出了一批名窑和名匠，崔国懋、周丹泉、吴昊十九均是名噪一时的制瓷高手，他们主持的崔公窑、周窑、壶公窑都是专门生产高质量细瓷并为宫廷烧造钦限御器的民窑，产品可与御窑器媲美。

---

[1]（明）王宗沐《江西省大志》卷七《陶书》，（台北）成
　　文出版社，1982年。

[2]（明）王宗沐《江西省大志》卷七《陶书》，（台北）成
　　文出版社，1982年。

[3]（清）蓝浦《景德镇陶录》卷一〇《陶录余论》，《中国
　　陶瓷名著汇编》，中国书店，1991年。

崔公窑。嘉隆间人，善冶陶，多仿宣成窑遗法制器，当时以为胜号。其器曰崔公窑瓷，四方争售。诸器中惟盏式较宣成两窑差大，精好则一，余青彩花色悉同，为民陶之冠。

周窑。隆万中人，名丹泉，本吴门籍，来昌南造器，为当时名手，尤精仿古器。每一名品出，四方竞重购之。周亦居奇自喜，恒揣之苏松常镇间，售于博古家，虽善鉴别者亦为所惑。有手仿定鼎及定器文王鼎炉与兽面戟耳彝，皆逼真无双，千金争市，迄今犹传述云。

壶公窑。神庙时烧造者，号壶隐道人。其色料精美，诸器皆佳。有流霞盏、卵幕杯两种最著，盏色明如朱砂，杯极莹白可爱，一枚才重半铢，四方不惜重价求之。亦雅制壶类，色淡青如官哥器，无冰纹，其紫金壶带朱色，皆仿宜兴时、陈样壶，底款为壶隐老人四字。相传为吴十九，而籍不可知矣。李日华赠诗云：为觅丹砂斗市尘，松声云影自壶天，凭君点出流霞盏，去泛兰亭九曲泉。

小南窑。附。镇有小南街，明末烧造，窑独小，制如蛙伏，当时呼蛤蟆窑。器初整，土埴黄，体颇薄而坚，惟小盌一式，色白带青，有青花，花止兰朵竹叶二种。其不画花，惟碗口周描一二青圈者，称白饭器。又有撇坦而浅全白者，仿宋碗皆盛行一时。国初犹然。[1]

嘉靖时期"官搭民烧"制度的实行，在某种意义上已经打破了御窑和民窑之间的界限，御窑瓷器过去是贡品，落选的残次品则砸碎并就地掩埋[2]，现在则作为商品出卖。"隆庆五年春，蒙抚院议行，将存留器皿委官查解折俸，因验得东西库房存贮各器，体质粗粝，花色暗黑，类多不堪。近年如此，远可类推。节经建议发卖，或兑民窑，迄无成兑者，非此之故钦。"[3]也就是说，从隆庆五年（1571年）开始，御器厂可以将库存次等器皿变卖、折俸，或兑给民窑，意味着御器厂的产品有一部分合法地流入民间，普通百

---

〔1〕（清）蓝浦《景德镇陶录》卷五《景德镇历代窑考》，《中国陶瓷名著汇编》，中国书店，1991年。

〔2〕景德镇明清御窑遗址历次考古工作，出土了数十吨明前期落选的御窑残次品，参见权奎山《江西景德镇明清御器（窑）厂落选御用瓷器处理的考察》，《文物》2005年第5期。

〔3〕（明）王宗沐《江西省大志》卷七《陶书》，（台北）成文出版社，1982年。

姓可以合法地使用原本只有宫廷才能拥有的御器或官样瓷器，这与明前期禁止烧造官样青花、私自处理御器将被处死的情况截然不同[1]。景德镇御器厂隆庆年间的烧造自隆庆五年始，隆庆元年至隆庆四年（1567~1570年）处于停烧状态，所以文献中记载的隆庆五年御器厂发卖的库存瓷器是前朝御窑产品。万历十年（1582年）后，不仅库存瓷器，就是当朝御窑瓷器也可以在市场上买到。据陈有年《为钦奉圣旨事疏》记载，万历十年，钦限烧造瓷器96624件，其后万历皇帝又诏命："内屏风、棋盘、烛台、花瓶、新样大缸，烧成有好的，着拣进，不堪的，听彼变卖。"[2]因此，益庄王夫妇合葬墓出土的16件嘉、万官样青花瓷（见后文彩版37~43），既可能是从市场购买的御窑落选次品，也可能是民窑烧造的上品细瓷。当然，它们是民窑产品的可能性更大，因为从文献记载来看，御窑变卖品都是有明显质量问题的上品，而这批瓷器品质上乘，应该是本期民窑青花细瓷中的上品，代表了民窑青花的最高工艺技术成就[3]。隆庆四年经户部批准，江西巡抚刘光济在江西推行以定额管理与分级包干为核心的"一条鞭法"，把徭役并入田赋中征

[1] 《明实录·宣宗实录》卷三四"宣德二年十二月癸亥"条载："内官张善伏诛。善往饶州监造磁器，贪黩酷虐下人不堪，所造御用磁器多以分馈其同列。事闻，上命斩于都市，枭首以徇。"中华书局，2016年。

[2] （明）陈子龙《陈恭介公奏议》，《明经世文编》，中华书局，1962年。

[3] 晚明时期，由于城镇化加速，商品经济发展，达官显贵、社会新贵凭借手中的金钱追逐物质享乐，礼制随之松弛，在社会生活的许多方面，民间僭礼越禁之风较为普遍，不能简单地认为这批瓷器饰有龙凤纹，就应为御器。（明）张瀚《松窗梦语》卷七云："国朝士女服饰皆有定制，洪武时律令严明，人遵画一之法。代变风移，人皆志于尊崇富侈，不复知有明禁，群相蹈之。如翡翠珠冠、龙凤服饰，惟皇后、王妃始得为服……今男子服锦绮，女子饰金珠，是皆僭拟无涯，踰国家之禁者也。"上海古籍出版社，1986年。《明实录·神宗实录》卷五一"万历四年六月辛卯"条云："近来婚丧、宴饮、服舍、器用，僭拟违礼，法制罔遵，上下无辨。"中华书局，2016年。

图23 景德镇主要制瓷原料

1.瑶里釉果作坊。瑶里的釉果品质最佳，釉果矿石开采出来后，就近设立作坊，利用天然水力研磨，制成不子。 2.三宝蓬瓷石不子。景德镇瓷石，以三宝蓬品质最佳，瓷石开采出来后，就近设立作坊，利用天然水力研磨，制成不子。 3.高岭土尾砂堆积。景德镇制瓷业在元代发明了瓷石加高岭土的二元配方，大大提高了瓷器的成品率，高岭土以东埠高岭山出产者品质最好。 4.马鞍山匣钵作坊。景德镇烧瓷用匣钵，以马鞍山土制作者品质最好，所以当地设立了若干匣钵作坊。

收，政府雇人代役[1]，这项变革对景德镇瓷业生产来说，是继弘治时期允许匠户纳银代役制度之后的又一制度创新，匠户纳银代役解放的是匠户，冲击的是御器厂，受益的是景德镇众多民窑。"一条鞭法"的推行，意味着江西地区大量的农民可以摆脱土地的束缚，进入城市，自由选择喜欢的职业，其结果是大量农民进城[2]，为当时业已发展起来的手工业提供了源源不断的佣工后备队伍，这对于用工需求随季节变化起伏较大的景德镇制瓷业来说，意味着需要扩大生产规模时，可以较为方便地雇佣工人。正是在这一时代背景下，制瓷业开始由"耕且陶焉"的家庭手工业向组织严密、分工专业、工艺流程精细的工场手工业转型，制瓷业分为若干工种，每一工种又细分为若干工作单元（图23），每个工人只负责一

[1] （明）申时行等《明会典》卷二〇《户口·赋役》，中华书局，1989年。

[2] （明）王宗沐《江西省大志》卷一《赋书》记载，当时江西政府每年发放路引约1万张，也就是说，10%的成年人背井离乡，外出谋生。（台北）成文出版社，1982年。

个工作单元。专业化的分工，使工匠可以集中精力和智慧，在较短的时间内掌握某项生产技能并逐渐成为熟手、高手，各有专能，所以明代中后期，景德镇涌现出一批能工巧匠，把制瓷技术提升到更高的水平。御器厂内有多达23种专业分工，作头58名，工匠334名。

> （御器厂）为作（二十三），曰大碗作（房七间，小泥房四间）、曰酒盅作（房三间）、曰碟作（房八间，小泥房四间）、曰盘作（房七间，小泥房四间）、曰锺作（房七间，小泥房四间）、曰印作（房十间，小泥房四间）、曰锥龙作（房一间）、曰画作（房一间）、曰写字作（房一间）、曰色作（房七间）、曰匣作（房三十三间）、曰泥水作（房一间）、曰大木作（房五间）、曰小木作（房五间）、曰船木作（房二间）、曰铁作（房四间）、曰竹作（房二间）、曰漆作（房三间）、曰索作（房一间）、曰桶作（房一间）、曰染作（房一间）、曰东碓作（四十六秉）、曰西碓作（一十六秉）。[1]

景德镇民窑则形成了各种不同的专业作坊、技术分工。

> 陶有窑（俗呼曰烧窑，统名风火窑）
> 烧柴窑（或圂烧，或搭烧）
> 烧槎窑（或圂烧，亦有搭烧）
> 包青窑（惟烧柴窑，厂器尽搭此等窑烧，民户亦有搭烧者，亦或自烧者）
> 大器窑（有自造烧者，有搭他户坯烧者）
> 小器窑（有自造烧者，亦搭他户坯烧）
> 窑有户（俗统呼曰窑户）

---

[1]（明）陆万垓《江西省大志》卷七《陶书续补》引隆庆年间陈学乾撰《陶政录》，（台北）成文出版社，1982年。嘉靖年间王宗沐纂修的《江西省大志》卷七《陶书》中没有相关记载，表明这种严密的分工可能出现在嘉靖以后的隆庆、万历年间，但不会晚于万历二十五年（1579年），因为陆万垓增修的《江西省大志》成书于万历二十五年以前。

烧窑户（有烧柴窑，有烧槎窑，又号叫坯窑户）

搭坯窑户（或搭柴窑，或搭槎窑）

烧图窑户（即自烧自造户，或自造烧，亦搭一二他户坯烧）

柴窑户（亦有烧户、搭户、图窑户）

槎窑户（亦有烧户、搭户、图窑户）

户有工（列纪各工，人数不一，外有挑货工及管债人，皆不列入）

淘泥工（即兼练泥工）

拉坯工（俗呼做坯）

印坯工（俗呼拍模）

旋坯工（俗呼利坯、挖坯）

画坯工

舂灰工（或兼合灰）

合釉工（有配灰者，有合色者）

上釉工（有蘸上者，有吹上者）

挑槎工（柴窑不用，惟槎窑有之）

抬坯工（又呼挑坯）

装坯工（装坯入匣，重叠待满）

满掇工（有满窑工，满窑则召之，不在常佣内，开窑又有出窑工）

烧窑工（俗呼把庄，然分三手，有事溜火者，事紧火者，事沟火者）

开窑工（有外伴专业此务，开窑则召来者，有管债人兼作此务者）

乳料工

舂料工

砂土工

彩之工。附：乳颜料工、画样工、绘事工、配色工、填彩工、烧炉工

工有作（作者一户所作器也，各户或有兼作，统名曰作）

官古器作、上古器作、中古器作、釉古器作、小古器作、常古器作、粗器作、

图 24-1　景德镇传统手工制瓷部分工艺流程

冒器作、子法器作、脱胎器作、大琢器作、洋器作、雕镶作、定单器作、仿古作、填白器作、碎器作、紫金器作

作有家（凡精粗分画，各有家数，日家）

青花家、淡描家、各彩家

陶所资各户：柴户、槎户、匣户、砖户、白土户、青料户、篾户、木匠户、桶匠户、铁匠户、修模户、盘车户、乳钵荡口户、打篮户、炼灰户、镟刀户。[1]

---

〔1〕（清）蓝浦《景德镇陶录》卷三《陶务条目》，《中国陶
　　瓷名著汇编》，中国书店，1991 年。

033

The Ming Dynasty
Jingdezhen Kilns
Dating Blue and White Porcelain

图 24-2　景德镇传统手工制瓷部分工艺流程

　　以上是制瓷行业分工的大概介绍，具体实施过程中，分工更精细，比如画坯工，粗分为"画"和"染"两个小工种，"画"再细分为画边线、画轮廓、画枝叶、画花、画鸟、画人物、画山水等数个更小的工种，各有分工，各司其责，各精一技，每个工匠是生产线上一个生产单元，相互依存，互不交叉（图24）。

　　青花画坯，圆、琢器皆有之。一器动累什百，画者则画而不染，染者则染而不画，所以一其手而不分心也。其余拱锥雕镂，业似同，而各习一家。釉红宝烧技实异而类近于画，至如器上之边线青箍，原出镟坯之手。底心之识铭书记，独归落款之工。[1]

　一人专画盏的边缘，此外别无所事；另一人只勾勒花卉的轮廓线，然后由第三个人填色；还有其他人专门画飞禽、走兽和山水风景等。[2]

宋应星《天工开物》记载民窑瓷器生产工艺流程有舂土、澄泥、造坯、汶水、过利、打圈、字画、喷水、过锈、装匣、满窑、烘烧等（图25），并感叹："共计一坯功，过手七十二，方克成器，其中细微节目尚不能尽也。"再加上为制瓷业服务的原材料、包装运输、生活保障等行业，形成了一个以制瓷业为中心的产业链，景德镇也因此成为一座产业市镇。

图25　《天工开物》有关瓷业生产流程的插图

〔1〕（清）蓝浦《景德镇陶录》卷一《图说》，《中国陶瓷名著汇编》，中国书店，1991年。

〔2〕[德]雷德侯著，张总等译《万物》，第142页，生活·读书·新知三联书店，2005年。

　　此时的世界格局已步入西欧人主导的大航海时代。1497年，达·迦马在葡萄牙国王的资助下开辟了海上新航路，到达印度，并在卡利库特发现了印度的香料和中国的丝绸、瓷器。1498年，他满载而归，带回的中国瓷器在欧洲引起广泛关注，葡萄牙国王命令出海的航船至少要带回占所载货物三分之一的中国瓷器。1557年，葡萄牙向明政府租借澳门，在中国境内建立了稳定的贸易基地，从此，中国瓷器沿着这条路线源源不断地运往欧洲。1522年，麦哲伦在西班牙政府支持下完成环球航行。1571年，西班牙人占领马尼拉，开辟了一条由马尼拉横渡太平洋通往墨西哥阿卡普尔科、再延伸到欧洲的航线。从此，在地理范围上分散隔离的大陆、大洋逐渐连为一体，为商品贸易全球化提供了人文地理条件，作为贸易全球化赖以运转的商品流通，则要靠中国强大的制造能力和品类丰富的商品。至此，葡萄牙和西班牙两国在亚洲大致以菲律宾为分界线，对世界进行了第一次大划分，各自向东、西进行殖民扩张，葡萄牙人、西班牙人分别以澳门、马尼拉为贸易基地，同中国进行间接贸易，开辟了与中国的贸易航道，即"澳门—果阿—里斯本—巴西"和"塞维尔—阿卡普尔科—马尼拉"，形成了以中国瓷器、丝绸为大宗商品的环球贸易网络（图26），中国是当时最大的产业中心、最大的中心市场，也是早期贸易全球化时代的主导者[1]。中国对外贸易造成的经济和金融后果是，凭借丝绸、瓷器等方面无可匹敌的制造业优势，与任何其他国家进行的贸易都是顺差，成为全球最主要的白银净进口国，用进口美洲白银来满足通货需求。美洲白银或者通过欧洲、西亚、印度、东南亚输入中国，或者用从阿卡普尔科出发的马尼拉大帆船直接运往中国。中国同时还能从日本获得大量的银和铜，通过与中亚的内陆贸易也能获得一些银和铜。中国的产业优势使得其对外贸易长期处于出超地位，成为世界白银的终极秘窖[2]。海外市场大开放并联通成贸易网络后，一方面明政府闭关锁国，另一方面葡萄牙、西班牙商人大批东来，在中国沿海频频"叩关"，要求自由通商，这一矛盾的结果是当时业已存在

---

〔1〕彭明瀚《明清景德镇外销瓷与制瓷技术外传》，第一章，文物出版社，2017年。

〔2〕［德］贡德·弗兰克著，刘北成译《白银资本：重视经济全球化的东方》，第108页，中央编译出版社，2008年。

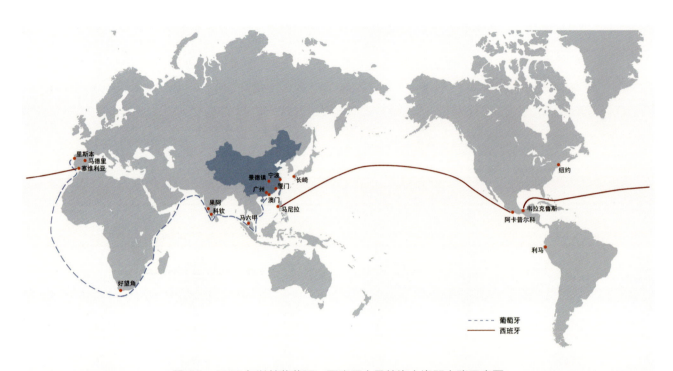

图 26　1650 年以前葡萄牙、西班牙主导的海上瓷器之路示意图

的走私贸易快速发展，形成了以王直、郑芝龙等人为头领的数个武装走私海商集团，出现了广东屯门上川岛、南澳岛以及香港竹篙湾、浙江舟山双屿等数个走私贸易据点，中外商人互市，"海禁"政策名存实亡，1515 年（正德十年）到达马六甲、受雇于葡萄牙的托梅·庇雷斯在《东方概要》一书中提到，进入马六甲的货船中，来自中国的瓷器不计其数[1]。明政府被迫顺应贸易全球化的时代潮流，调整外贸政策。隆庆元年（1567年），明政府采纳右佥都御史涂泽民的建议，"许贩东西诸番"，取消海禁，在漳州月港开设"洋市"[2]。海禁开放后，促进了海上贸易的发展，"我穆庙时除贩夷之律，

[1]（澳门）《文化杂志》编《十六和十七世纪伊比利亚文学视野里的中国景观》，第 9 页，大象出版社，2003 年。

[2] 明代对外政策，"禁海"是主基调，开放是局部的。在广州，每年春、秋两季准许外商定期进城贸易，委托中国中间商出售"洋货"并采购中国商品，贸易季结束，外商退出广州城。在月港，不准外商进城贸易，仅准许中国海商领官引后运输中国商品出洋贸易，但回程不许运回洋货，只能装载白银回港。

于是五方之贾，熙熙水国，刓觯艎，分市东西路。其捆载珍奇，故异物不足述，而所贸金钱，岁无虑数十万。公私并赖，其殆天子之南库也"[1]。瓷器贸易的急速发展，海外市场巨大的需求，为景德镇青花瓷开拓了新的销售市场，也为景德镇民窑的发展带来了千载难逢的历史性机遇，高额的利润推动、刺激了民窑改进生产工艺，丰富产品种类，提高产品质量，以适应不同消费者的审美心理、满足日益扩大的消费需求，从而带动民窑进入了一个新的发展阶段。在明代，丝绸、瓷器是中国大宗外贸商品，但丝绸贸易进行了 2000 多年，生产技术早已为外国人所掌握，土耳其、秘鲁等国都有丝绸加工作坊，所以，明代中国丝绸出口以生丝为主。瓷器的情况则完全不同，当时景德镇是青花瓷设计、烧造的国家原创中心、国际原创中心，景德镇凭借技术垄断独占国内、国外两个市场，景德镇瓷器成为高品质中国瓷器的代名词，也成为中国的代名词。从此，景德镇瓷器成为海上瓷器之路上具有核心竞争力的商品，景德镇成为海上瓷器之路最重要的起点之一，景德镇也因此从中国瓷业中心，逐步晋级为世界瓷都。

江西各地出土的属于本期的纪年青花瓷有景德镇湖田窑采集正德款（1506～1521 年）青花海螺纹碗、景德镇市郊采集正德十五年款（1520 年）青花净水碗、景德镇湖田窑出土嘉靖元年款（1522 年）青花渣罗、景德镇市郊采集隆庆四年款（1570 年）青花灯盏、景德镇湖田窑出土隆庆五年款青花渣罗、南城县株良公社万历二十一年（1593 年）益藩罗川郡王家族成员墓出土青花人物纹盖罐[2]等 19 批 39 件，相对于 100 年的时间跨度来说，出土数量偏小，但年代没有缺环。江西以外地区纪年青花瓷的发现则较多，重要发现有：1987 年江苏省淮安市范集乡陆集村正德十三年（1518 年）张氏大娘墓出土青花折枝花卉纹蒜头瓶 1 对（图 27）[3]，香港艺术馆藏大明正德庚辰款（1520 年）青

〔1〕（明）张燮《东西洋考》，"周起元序"，中华书局，1981 年。

〔2〕彭明瀚《江西纪年墓出土明代景德镇民窑青花瓷研究》，《故宫博物院院刊》2007 年第 1 期。

〔3〕张柏主编《中国出土瓷器全集》第 7 卷，第 206 页，科学出版社，2008 年。

花云龙纹钵（图 28）[1]，1972 年广西桂林市嘉靖六年（1527 年）靖江安肃王朱经扶夫妇合葬墓出土青花携酒访友图梅瓶（图 29）[2]，香港大学美术博物馆藏大明嘉靖乙巳款（1545 年）青花缠枝花鸟纹罐（图 30）[3]，山东省邹城市平阳寺镇横河村嘉靖二十九年（1550 年）高密昭和王朱观烻墓出土青花缠枝莲纹梅瓶（图 31）[4]，大英博物馆藏嘉靖二十九年款青花圣旨牌[5]，1988 年江苏省泰州市东南郊鲍家坝粮食一队嘉靖三十七年（1558 年）刘湘夫妇合葬墓出土青花莲池飞鹤纹六棱盖罐（图 32）[6]，南京博物院藏隆庆二年款（1568 年）青花娃娃穿牡丹纹圆砚（图 33）[7]，1975 年广西桂林市万历八年（1580 年）明文渊阁大学士吕调阳墓

〔1〕江西省博物馆、香港中文大学文物馆编《江西元明青花瓷》，图版 75，香港中文大学文物馆，2002 年。

〔2〕桂林博物馆编《靖江藩王遗粹——桂林博物馆珍藏明代梅瓶》，图版 69，上海人民美术出版社，2000 年。

〔3〕江西省博物馆、香港中文大学文物馆编《江西元明青花瓷》，图版 88，香港中文大学文物馆，2002 年。

〔4〕张柏主编《中国出土瓷器全集》第 6 卷，第 219 页，科学出版社，2008 年。

〔5〕叶佩兰主编《海外遗珍》卷三《明代陶瓷》，第 65 页，北京大学出版社，2016 年。

〔6〕张柏主编《中国出土瓷器全集》第 7 卷，第 209 页，科学出版社，2008 年。

〔7〕中国陶瓷编辑委员会编《中国陶瓷·景德镇民间青花瓷器》，图版 130，上海人民美术出版社，1994 年。

图 27　青花折枝花卉纹蒜头瓶

图 28　正德款青花云龙纹钵

图 29　青花携酒访友图梅瓶

图 30　嘉靖款青花缠枝花鸟纹罐

图 31　青花缠枝莲纹梅瓶

图 32　青花莲池飞鹤纹六棱盖罐

图 33　隆庆款青花娃娃穿牡丹纹圆砚

图34　青花双龙赶珠纹梅瓶　　　图35　青花双龙赶珠纹梅瓶

图36　青花双龙戏珠纹梅瓶　　　图37　青花双凤穿莲纹梅瓶

出土青花双龙赶珠纹梅瓶1对（图34）[1]，1983年广西桂林市万历二十年（1592年）靖江温裕王朱履焘夫妇合葬墓出土青花双龙赶珠纹梅瓶（图35）、青花双龙戏珠纹梅瓶（图36）各1件[2]，1980年广西桂林市万历二十二年（1594年）靖江康僖王次妃赵氏墓出土青花双凤穿莲纹梅瓶1件（图37）[3]。本期运输景德镇瓷器的著名沉船有：1552年在南非爱德华港附近海域沉没的葡萄牙"圣·若昂号"沉船；1554年在莫桑比克特兰斯凯海域沉没的葡萄牙"圣·本图号"沉船（图38）；1576年沉没在墨西哥北部下加利福尼亚州的西班牙"圣·菲利普号"

〔1〕1975年出土于广西桂林市北郊。吕调阳生于明正德十一年（1516年），登嘉靖二十九年进士，殿试一甲第二名，万历八年病逝于老家桂林，赠太保、谥文简。参考桂林博物馆编《靖江藩王遗粹——桂林博物馆珍藏明代梅瓶》，图版25，上海人民美术出版社，2000年。

〔2〕桂林博物馆编《靖江藩王遗粹——桂林博物馆珍藏明代梅瓶》，图版27，上海人民美术出版社，2000年。

〔3〕桂林博物馆编《靖江藩王遗粹——桂林博物馆珍藏明代梅瓶》，图版29，上海人民美术出版社，2000年。

沉船，出水瓷器 1183 件，其中没有发现开光风格瓷器；1579 年英国"金鹿号"战舰在美国旧金山德雷克湾附近俘获了西班牙"圣母无玷号"商船，战利品中包括开光风格的瓷器（图 39）；1588 年在爱尔兰海域沉没的西班牙"瓦伦西亚号"沉船；1593 年在马达加斯加岛附近科思湾海域沉没的葡萄牙"圣·阿尔贝托号"沉船（图 40）；1595 年在美国旧金山德雷克湾沉没的西班牙"圣·奥古斯丁号"沉船；1600 年在纳塔尔海域沉没的葡萄牙"圣·埃斯皮里图号"沉船；1600 年在菲律宾吕宋岛八打雁省幸运岛水域沉没的西班牙"圣迭戈号"沉船，出水瓷器 500 多件，有碗、碟、瓶、罐、大盘、盒等，包括一些开光风格的瓷器（图 41）；1601 年在菲律宾吕宋岛八打雁省幸运岛水域沉没的西班牙"圣玛格丽特号"沉船，出水瓷器包括开光风格的盘、瓶、杯、罐、盖碗、酒瓶等（图 42）[1]。

〔1〕［英］霍吉淑著，赵伟等译《大英博物馆藏中国明代陶瓷》，第 683 ~ 685 页，故宫出版社，2014 年；江西省博物馆、香港中文大学文物馆编《江西元明青花瓷》，第 221 ~ 223 页，香港中文大学文物馆，2002 年；Teresa Canepa,The Portuguese and Spanish Trade in Kraak Porcelain in the Late 16th and Early 17th Centuries,《逐波泛海——16 ~ 17 世纪中国陶瓷外销与物质文明扩散国际学术研讨会论文集》，香港城市大学中国文化中心，2012 年。

图 38　青花凤穿花纹盘

图 39　青花开光松鹿纹盘

图 40　青花开光风格瓷片

图 41　青花开光松鹿纹碗

图 42　青花开光花鸟纹盘

图 43　景德镇湖田窑第九期青花瓷

↑ 图44 景德镇明清民窑作坊遗址

紧邻御器厂而建，与御器厂仅一墙之隔，便于吸纳御器厂熟练工人，获取优质原料，吸收先进管理方式和生产技术，接纳钦限瓷器订单。

← 图45 景德镇吊脚楼明清窑业遗迹

正德朝处于明前期向中期的过渡时期，瓷器有一个承前启后的转变过程，在继承的基础上多有创新，为明代中期民窑的繁荣打下了坚实的基础。本期青花瓷，相当于景德镇湖田窑第九期（图43）[1]，此时湖田窑衰落，窑业堆积趋薄，与此相对的是景德镇地区的制瓷业向御器厂周边集中（图44），呈现出专业化趋势，现存十八渡、刘家坞、吊脚楼（图45）、观音

〔1〕江西省文物考古研究所、景德镇民窑博物馆《景德镇湖田窑址：1988～1999年考古发掘报告》，第462、463页，文物出版社，2007年。

图 46　景德镇观音阁明代后期窑址考古现场　　图 47　万历款青花陈初真墓志　图 48　青花李来泰墓志

阁（图 46）、珠山西路等窑址都属于此时快速兴盛起来的窑场。本期器类有罐、梅瓶、蒜头瓶、碟、碗、盘、钵、灯盏、渣罗、砚、圣旨牌、净水碗、炉、寿盘、墓志等，以盖罐最为常见，墓志则是新出现的明器；绘有青花开光图案的松鹿纹盘是本期后半段开始生产的外销瓷，广昌县万历元年（1573 年）墓出土的开光松鹿纹盘是最早的实例。墓志是埋于墓穴中记录墓主生平事迹及赞颂慰念之辞的刻石，材质一般选用容易获取的石块。用青料书写在瓷胎上首现于明代，是专门订烧的明器，自铭为圹记、墓志、墓志铭等，志文内容多数记载墓主籍贯、生平、生卒时间、墓地位置等（图 47），也有简略者仅书写墓主姓名（图 48）。这类明器的出现，表明当时青花瓷已经较为普及。

　　从总体风格来看，青花瓷明显有粗、细之分[1]。粗者胎体粗厚，修胎草率，底足不打磨，有粘沙，做工粗劣，器形不甚规整，时有变形。细者一般胎体较薄，胎质洁白细腻，造型规整，底足打磨光滑。釉质亦有粗、精之分，粗者白中泛灰青，釉面厚而欠润，有的呈乳浊状，精者白中透青，釉面光润。本期民窑青花瓷以隆庆开海为界，分为前、后两段。前半段即正德、嘉靖二朝，回青与土青并用，青花呈色不一，回青者发色浓艳泛紫，清亮靛蓝，

---

[1] "瓷器，浮梁出，景德镇最佳，湖田市次之，麻仓洞为下。白者佳洁如玉，亦有青花纯翠交描金者，极为精致。" 嘉靖四年（1525 年）本《江西通志》卷八，（台北）成文出版社，1982 年。

不晕不散，与御窑瓷器不相上下；土青发色沉闷呆滞，以灰青淡穆为主基调，分水只有浓、淡两个色阶，有的青色晕散，纹饰模糊不清。瓷胎不及前朝细腻、肥厚，多白中闪灰，造型凝重，大件器增多，葫芦形天圆地方瓶、果盒等流行。制作上不注意修胎，瓶、罐类琢器接痕明显。釉面不够平整，有隐约的波浪纹。题材广泛，笔法简练生动，常见纹饰有海水飞龙、龙穿缠枝花卉、团龙、正面龙、天马、麒麟、豹、兕、狮、牛和海水蕉叶、莲瓣、树石栏杆、神仙高士、闺阁秀女、方胜、云鹤、八仙、寿山福海、灵芝云、大叶牡丹、钱纹及锦地开光纹等，缠枝莲的卷叶细长，像飘动的彩带，团龙、正面龙和锦地开光纹是本段新出现的纹饰。作为边饰的莲瓣，开始流行一种大莲瓣之间夹小莲瓣的单层莲瓣来取代早期的双层莲瓣，有的甚至采用在两条弦纹

图 49　伪托款

之间画上粗下细、长短不等的垂直线条来表示莲瓣纹（即栅栏式变体莲瓣纹），较有特色，这也是为了适应民窑快速绘画、增加产量的需要而新出现的装饰性适合纹样。帝王年号款有"大明正德秋月吉日造""大明嘉靖年制"等，"大明年造"也是比较常见的底款，同时开始出现"大明宣德年制""宣德年造"之类伪托款（图49）。

　　后半段为隆庆朝和万历朝前期，因海禁开放，海外市场需求快速增长，景德镇瓷业生产表现为供不应求。民窑青花瓷胎制作与前半段相比，更显粗糙，绘画草率，采用多种绘画方法，有双勾填色、白描等，以双勾填色为主，勾线不分水的白描人物纹、花鸟纹样开始出现；青花分水仍只有两个色阶，但与前期相比，淡青色显得明快、清晰一些；细瓷线条流畅，填色讲究，不溢出轮廓线外，粗瓷线条生硬，填色不匀，溢出轮廓线外。因回青料需要从国外进口，难以满足民窑的旺盛需求，人们在探索回青替代品方面取得了成功，浙青开采、提纯技术上有新的进步，细器青花发色效果已经接近回青，蓝艳但

不泛紫，有的略显灰暗。画面构图开始趋于繁复杂乱，主题不突出，娃娃穿花纹、狮子穿花纹、花鸟纹、松下诵读纹较为普遍。带盖梅瓶、镂孔三足炉、双耳有盖三足炉为本段流行的器形，大盘内心多下塌。纪年款有"隆庆二年""隆庆四年""隆庆五年""大明万历年制"等，款外多数有双圈，或圆或方。

四

极盛期（1603～1644年）[1]，历万历后期、泰昌、天启、崇祯三朝半，计41年，明政权已处于政局动荡、经济凋弊的社会变动时期，神宗怠政，吏治腐败，党派纷争，民变、兵变迭起，国力衰竭，明政权走上了崩溃、灭亡的穷途末路，政府无暇顾及御器厂的生产。

> 江西税监潘相、舍人王四等于饶州横恣激变，致毁器厂。[2]
>
> 查江西烧造自万历十九年，内承运库正派瓷器十五万九千余件，已经运完，所有续派八万余件，分为八运，除完七运外，只一万余件，所需不多，宜行停止，或令有司，如数造完，以陛下往年恩诏，即宝井珠池，悉行封禁奈何？何以区区土青为盛德所累乎？自是役亦渐寝。[3]
>
> 隆庆时，诏江西烧造瓷器十余万。万历十九年命造十五万九千，既而复增八万，至三十八年未毕工。自后役亦渐寝。[4]

---

〔1〕从明青花瓷的角度来看是极盛期，如果放进景德镇青花瓷发展历程考察，又可以理解为向青翠艳丽的清康熙青花瓷演进的转变期。

〔2〕《明实录·神宗实录》卷三六八"万历三十年二月甲申"条，中华书局，2016年。

〔3〕《明实录·神宗实录》卷四三四"万历三十五年六月丙辰"条，中华书局，2016年。

〔4〕《明史》卷八二《食货志六》，中华书局，1974年。

　　御器厂此次被毁后，终明之世，明政府因政局动荡无暇顾及其重建工作，从此御器厂瓷业生产基本处于停产状态。万历十九年（1591年）诏谕景德镇烧造瓷器239000件的任务，至万历三十五年（1607年），仍有1万余件尚未烧造完毕，甚至拖延到万历三十八年（1610年），仍然没有完工，最后不了了之[1]。民窑则摆脱了长久以来御窑的压制，得到了空前自由的发展。御窑培养的优秀制瓷工匠流向民窑，带来了御窑先进的瓷业生产管理技术和创新的瓷器品种，带动民窑生产活跃兴旺，蓬勃发展，重现了元代以前民窑一枝独秀的瓷业生产格局。另外，由于商品经济的快速发展，社会财富积聚增长，市镇的规模不断扩大，新兴的城镇逐渐增加，宗室藩王、达官显贵、富商巨贾、文人墨客等上流社会和市民阶层队伍亦随之壮大，高消费群体渐趋扩大，在物质上崇尚奢靡之风，声色犬马，美服佳肴，追求高消费，乃至高品质生活，"好精华书宝器"，家中陈设流行时尚的器具[2]，或清玩雅赏，或附庸风雅。这种现象的出现，便形成了一股艺术化的潮流——在精神上追求艺术化，讲究闲适雅致的情趣，举凡谈禅说佛，狎妓听曲，收集古董，不一而足。这一时代潮流，直接推动了细瓷生产的发展，人们需要大批精美的成套瓷器来铺陈、装点豪宅，以满足鉴赏方面的精神需求，以彰显社会地位的心理享受[3]。与此同时，国外市场的大量订单，促使民窑打破了御窑的种种束缚和制约，在瓷胎配方、青料煅烧、装饰工艺等方面都有了新的突破，生产规模、产品种类均迅速扩大，产品质量也有了显

---

[1] 明代在没有特别需求的情况下，御器厂一般每年进贡瓷器一运，约1万件。万历三十五年留下的1万多件烧造任务，正常情况下当年就可以完成，结果拖延了3年，到万历三十八年，仍然没有下文，足见御器厂当时管理水平的低下和生产状况的凋敝。

[2]（清）张履祥《杨园先生全集》卷三八《近鉴》，中华书局，2014年。

[3]（明）王宗沐《江西省大志》卷七《陶书》云："利厚计工，市者，不惮价，而作者为奇钧之则至有数盂而直一金者，他诸花草、人物、禽兽、山水屏、瓶、盆、碗之观，不可胜计。而费亦辄数金，如碎器与金色瓮、盘，又或十余金，当中家之产而相竞，以逞其所被。"（台北）成文出版社，1982年。

著提高,开创了明代民窑制瓷业发展最为辉煌的时期,无论是销售市场的宽广性,还是瓷器品种和装饰手法的丰富性,亦或是销售产品的数量和质量,都达到了前所未有的高峰。

> 景德镇民以陶为业,弹丸之地,商人贾舶与不逞之徒,皆聚其中。
>
> 自燕云而北,南交趾,东际海,西被蜀,无所不至,皆取于景德镇。而商贾往往以是牟大利,无所复禁。此岂非形号为俭,而实为侈,亦法制堤防之有未备哉![1]
>
> 燕云至交趾,东到海边,西至蜀地,所到之处,皆有商贾取景德镇瓷而赢利。[2]
>
> 浮梁景德镇,雄村十里,皆火山发焰,故其下当有陶埴……遍国中以至海外彝方,凡舟车所到,无非饶器也。[3]
>
> 最细的瓷器是用江西所产的黏土制成,人们把它们用船不仅运到中国的各地而且还运到欧洲最遥远的角落,在那里它们受到了那些欣赏宴席上的风雅有甚于夸耀豪华的人们所珍爱。[4]

此时,西欧另一个航海大国荷兰国力渐强,并逐步取代葡萄牙垄断中欧贸易。1602 年,荷兰成立东印度公司,从事东方贸易。公司成立之初,为了避免与葡萄牙发生摩擦,遂凭借其先进的造船技术和航海能力,开辟了抵达巴达维亚的高速航线。荷兰船队从阿姆斯特丹港出发,经由苏格兰北部沿大西洋南下,在佛得角南端沿一条大大的弧线航行抵达好望角休养,然后沿南纬 36° ~ 42° 之间的偏西风海域向东到达巴达维亚,全部行程耗时 8 ~ 9 个月,

---

〔1〕(明)王宗沐《江西省大志》卷七《陶书》,(台北)成文出版社,1982 年。

〔2〕(明)宋应星《天工开物》卷七《陶埏》,江西省图书馆藏本。

〔3〕(明)王士性《广志绎》卷四,中华书局,1981 年。

〔4〕[意]利玛窦、金尼阁著,何高济等译《利玛窦中国札记》,第 15 页,中华书局,1983 年。

图 50　台南热兰遮城遗址博物馆

1624 年，荷兰人侵占台湾岛，兴建规模宏大的奥伦治城。1627 年，以荷兰省名泽兰省改名。1632 年，完成首期工程。当时，这座城堡是荷兰人统治台湾全岛和对外贸易的总枢纽。1662 年，郑成功收复台湾后改为安平城。城堡内曾经多次考古发掘，出土文物丰富，博物馆内陈列有明代景德镇窑青花开光装饰风格的瓷器。

图 51　台南普罗民遮城稜堡

1624 年，荷兰人侵占台湾后在台南修建。1653 年，为了加强防卫，修建砖城，当地人称之为赤坎城、红毛城、番仔城。1624 ～ 1661 年，荷兰人以此为基地，收购中国瓷器、丝绸等商品，同时开展对日贸易。

大大缩短了通过印度洋的航行时间，降低了运输成本，提高了公司商品的市场竞争力。1605 年，荷兰人占领爪哇岛，1619 年将雅加达改名为巴达维亚，作为东方殖民扩张和贸易的据点，以此为基地，从中国商人或葡萄牙人、西班牙人手中购买中国瓷器，再运销东南亚、南亚和欧洲。荷兰人在多次攻占澳门的尝试失败后，先后到澎湖列岛、台湾等地试探，1624 年占领台南，在安平修建热兰遮城（图 50）和普罗民遮城（图 51），切断了中国商人与日本、菲律宾之间的海上贸易线路，同时在距中国外贸港口月港较近的地方建立了一个稳定的贸易据点，便于订购、收购中国瓷器。据荷兰东印度公司档案记载，万历三十六年（1608 年），该公司通过中间商订购了 108200 件景德镇瓷器[1]。1635 年，荷兰商人第一次把欧洲市民在日常生活中使用的宽边午餐碟、水罐、芥末瓶、洗脸盆等做成木制模型，带到中国，请景德镇匠师模仿生产[2]。至 1638 年，存放在台湾大员商馆准备装船运往印度与荷兰的中国瓷器，总

〔1〕［德］雷德侯著，张总等译《万物》，第 127 页，生活・读书・新知三联书店，2005 年。

〔2〕陈伟、周文姬《西方人眼中的东方陶瓷艺术》，第 95 页，上海教育出版社，2004 年。

数高达 89 万件[1]。1643 ～ 1644 年，台湾总督仅向"江西陶人"朱西特、戴克林二人就订购瓷器 972500 件；1626 ～ 1656 年，从台湾转口输出的瓷器达 460 多万件[2]。

葡萄牙人首次直接从中国贩运大量瓷器到欧洲，但真正为中国瓷器打开欧洲市场的是荷兰人。荷兰人表现出了超凡的商业组织能力，采用股份公司这种先进的商业形式，能灵活地适应市场，把目光投向更为广大的市民阶层，既订购装饰瓷，也订购日用瓷，把订制瓷器作为一种市场行为，不断加以完善，采取有效方式采购与贩卖中国瓷器。荷兰人在台湾积极订购瓷器，并主动提供各式样品，使其所订购瓷器的造型与装饰能更加符合海外市场的多样化需求。台湾一度成为荷兰东印度公司各地瓷器需求样品的集中地，包含荷兰本国、东南亚、西亚与印度等地的木制模型样品，通过台湾的大员商馆交给中国瓷商，送到景德镇依样制作。荷兰人重新设计景德镇瓷器，尤其是瓷器作为餐具的优点渐渐为欧洲人所了解、接受，成功地把中国瓷器改造成符合欧洲人饮食习惯、审美情趣的成套餐具、饮具，将景德镇瓷器摆满欧洲各国的餐桌（图 52），从而使得景德镇瓷器在欧洲由以前的奢侈品转变为生活日用品，拓展了景德镇瓷器的欧洲市场，把中国瓷器在欧洲的影响从上层社会扩展到社会各个阶层，从而激发了更为广泛的需求。荷兰人成为当时景德镇瓷器大量外销欧洲的第一推手，为明清时期景德镇瓷器产业的发

---

[1] 钱江《十七至十八世纪中国与荷兰的瓷器贸易》，《南洋问题研究》1989 年第 1 期。

[2] 卢泰康《从台湾与海外出土的贸易瓷看明末清初中国陶瓷的外销》，《逐波泛海——16 ～ 17 世纪中国陶瓷外销与物质文明扩散国际学术研讨会论文集》，香港城市大学中国文化中心，2012 年。100 万件瓷器对景德镇来说是一个较大的数字。荷兰东印度公司的订单，一般是瓷商于每年贸易季接单，次年贸易季便可以在双方约定的地点交接，以市场为导向的景德镇民窑制瓷业的生产能力与活力由此可见一斑。明、清景德镇民窑青花瓷年产量没有确切数据，清代的估算年产量 500 万件，明代可能去此不远，荷兰东印度公司年销 100 万件，再加上葡萄牙、西班牙贩卖数，应该高出 100 万件，也就是说，20% 以上的瓷器用于出口，可见瓷器外销对景德镇瓷器产业的拉动作用之大。

图52 景德镇窑青花汤碗与酒瓶

这两种器形都不是中国传统瓷器式样，是根据欧洲商人提供的木模或金属器、玻璃器样品仿制而专供出口的外销瓷。

展和创新发挥了积极作用。他们把世界各地市场的销售信息迅速反馈到中国，连接了瓷器生产者和消费者，为景德镇瓷器注入了世界各地的文化因素。景德镇瓷器生产逐渐以市场需求为导向、灵活适应世界各地消费者本土化需求，景德镇瓷业经济日渐融入全球性的经济体系中，从而真正赋予景德镇瓷器生产和销售的世界意义。从某种意义上说，葡萄牙人首次采用直航的方式把中国瓷器运抵西方，荷兰人则非常成功地把中国瓷器推销给西方普通民众，为景德镇瓷器在欧洲开辟了广阔的市场[1]。海量的外贸订单，对因御器厂停烧后缺乏稳定资金扶持、没有新官样引领、因连年农民起义造成内销市场日渐缩小的景德镇制瓷业来说，无疑注入了超乎想象的活力，各地的资本、劳动力、生产资料日益向浮梁县景德镇制瓷行业集中，并推动该产业转型升级。据《景德镇陶录》卷三《陶务条目》所载，制瓷业18个类别作坊中新出现了以出口为导向的专业作坊"洋器作"。

---

〔1〕彭明瀚《荷兰东印度公司与明清时期景德镇瓷器外销欧洲——贸易全球化视野下的景德镇瓷器文化研究之一》，《南方文物》2013年第1期。

     洋器有滑洋器、泥洋器之分。一用滑石制作器骨，工值重，是为滑洋器。一用不泥作器质，工值稍次，是为粗洋器。[1]

     洋器专售外洋者。商多粤东人，贩去与洋鬼子载市。式多奇巧，岁无定样。[2]

    所谓"式多奇巧"是指瓷器的形状和装饰为欧洲型，不像中国人常见的式样。比如，中国流行的瓷杯，一般没有把手，带把的啤酒杯就是英国人发明的；中国的盘子是圆形的，输出欧洲的盘子就有长圆形、多角形等造型，且边缘也做了加宽处理。所谓"岁无定样"是由于欧洲各国每年订货的要求不同。17世纪初，中国针对西方市场专门生产的瓷器有耶稣会瓷，还有为荷兰人制造的中国代尔夫特瓷[3]。"在中世纪后期，欧洲就已开始从中国进口瓷器，但是直到16世纪后期确定了与欧洲的外贸发展关系之后，中国作坊才开始仿效欧洲陶瓷的装饰风格和形状，专门为欧洲市场生产瓷器。"[4]

    景德镇地区东河、南河流域众多窑场逐渐关闭，向御器厂周边集中，这里聚集着随时等待雇佣的农民工、瓷业所需要的原材料以及各地来的瓷商（图53）。据文献记载，"浮梁县里仁、长香等都一十三里居民，与所属鄱阳、余干、德兴、乐平、安仁、万年

---

[1]（清）蓝浦《景德镇陶录》卷四《陶务方略》，《中国陶瓷名著汇编》，中国书店，1991年。

[2]（清）蓝浦《景德镇陶录》卷二"国朝御窑厂恭记"条，《中国陶瓷名著汇编》，中国书店，1991年。

[3][英]保罗·约翰逊著，黄中宪等译《艺术的历史》，第405页，上海人民出版社，2008年。

[4][英]马丁·坎普主编，余君珉译《牛津西方艺术史》，第294页，外语教学与研究出版社，2009年。

图53 景德镇镇窑

明代晚期，随着海外市场的开拓，尤其是荷兰东印度公司的大量订货，推动了景德镇制瓷业技术革新和生产水平提高，发明了一种装烧量比葫芦窑大数倍的窑式，因剖面像鸡蛋，被称为"蛋形窑"，也因以松柴为燃料，又被称为"柴窑"，又因由景德镇发明，亦被称为"镇窑"。这种先进的窑式一直沿用至近代。

及南昌、都昌等县杂聚，窑业佣工为生"[1]。嘉靖时，"浮梁景德镇民以陶为业，聚佣至万余人"[2]。万历时，景德镇民窑近千座，从事瓷业生产的工人超过10万人，每日等待雇佣的窑工"不下数万人"[3]，景德镇成为瓷业市镇。

〔1〕（明）陆万垓《江西省大志》卷七《陶书续补》，（台北）成文出版社，1982年。

〔2〕《明实录·世宗实录》卷二四〇"嘉靖十九年八月戊子"条，中华书局，2016年。

〔3〕《江西通志》卷四九《舆地略》，（台北）成文出版社，1982年。

江西饶州府浮梁县，离二十里为景德镇，官窑设焉。天下窑器所聚，其民繁富，甲于一省。余尝以分守督运至其地，万杵之声殷地，火光蚀天，夜使人不能寐，戏呼之曰四时雷电镇。[1]

江西地区此期纪年墓出土青花瓷有星子县万历三十四年（1606年）王香夫妇合葬墓出土青花墓志（图54）、景德镇市郊崇祯五年（1632年）墓出土青花墓志等21批47件[2]。江西以外地区纪年青花瓷的重要发现有：1982年广西桂林市万历三十三年（1605年）靖江宪定王朱任晟夫人莫氏墓出土青花岁寒三友人物纹梅瓶1件（图55）[3]，1976年广西桂林市万历四十年（1612年）文林郎刘元石夫妇合葬墓出土青花四爱图梅瓶1件（图56）[4]，香港中文大学文物馆藏万历四十三年款（1615年）青花净水碗托（图57）[5]，故宫博物院藏万历四十四年款（1616年）青花经文观音菩萨图碗[6]、万历四十六年款（1618年）青花龙纹净水碗（图58）[7]，香港中文大学文物馆藏万历庚申年款（1620年）青花花鸟纹盘（图59）[8]，大英博物馆藏天启七年款（1627年）青

〔1〕（明）王世懋《二酉委谭摘录》，中华书局丛书集成初编本，1985年。

〔2〕彭明瀚《江西纪年墓出土明代景德镇民窑青花瓷研究》，《故宫博物院院刊》2007年第1期；香港大学冯平山博物馆编《景德镇出土陶瓷》，图版357，香港大学冯平山博物馆，1992年。

〔3〕桂林博物馆编《靖江藩王遗粹——桂林博物馆珍藏明代梅瓶》，图版67，上海人民美术出版社，2000年。

〔4〕桂林博物馆编《靖江藩王遗粹——桂林博物馆珍藏明代梅瓶》，图版68，上海人民美术出版社，2000年。

〔5〕江西省博物馆、香港中文大学文物馆编《江西元明青花瓷》，图版105，香港中文大学文物馆，2002年。

〔6〕故宫博物院编《故宫陶瓷馆》下编，第348、349页，紫禁城出版社，2008年。

〔7〕中国陶瓷编辑委员会编《中国陶瓷·景德镇民间青花瓷器》，图版144，上海人民美术出版社，1994年。

〔8〕江西省博物馆、香港中文大学文物馆编《江西元明青花瓷》，图版108，香港中文大学文物馆，2002年。

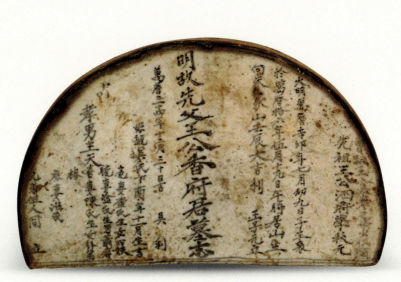

图 54　青花王香墓志

图 55　青花岁寒三友人物纹梅瓶

图 56　青花四爱图梅瓶

花买地券（图 60）[1]，1965 年山东省济南市姚家庄天启七年赵铉墓出土青花蛱蝶纹梅瓶（图 61）[2]，1984 年江苏省无锡市锡山区甘露乡萧塘坟崇祯二年（1629 年）华师伊墓出土青花碗 11 只（图 62）[3]，天津博物馆藏"甲戌孟春赵府造用"款（1634 年）青花云龙纹盘（图 63）[4]，香港竹月堂藏崇祯十二年款（1639 年）青花人物纹罐（图 64）[5]，中国国家博物馆藏崇祯十二年款青花山水人物纹净水碗（图 65）[6]，河南省开封市崇祯十五年（1642 年）因黄河决堤废弃的明周王府遗址出土青花碗、盘、碟、盅等可复原器 91 件[7]。本期运输景德镇瓷器的著名

〔1〕 叶佩兰主编《海外遗珍·陶瓷》卷三《明代陶瓷》，
    第 85 页，北京大学出版社，2016 年。
〔2〕 张柏主编《中国出土瓷器全集》第 6 卷，第 220 页，
    科学出版社，2008 年。
〔3〕 张柏主编《中国出土瓷器全集》第 7 卷，第 213 ～
    218 页，科学出版社，2008 年。
〔4〕 天津博物馆编《天津博物馆藏瓷》，第 117 页，
    文物出版社，2012 年。
〔5〕 江西省博物馆、香港中文大学文物馆编《江西元
    明青花瓷》，图版 126，香港中文大学文物馆，
    2002 年。
〔6〕 吕章申主编《中国古代瓷器艺术》，第 212、213 页，
    安徽美术出版社，2011 年。
〔7〕 曹金萍、王三营《河南开封明周王府遗址出土青花
    瓷器》，《文物》2017 年第 4 期。

图 57　万历款青花净水碗托

图 58　万历款青花龙纹净水碗

图 59 万历款青花花鸟纹盘

图 60 天启款青花买地券

图 61　青花蛱蝶纹梅瓶

图 62　青花八骏图碗

图 63　青花云龙纹盘

图 64　崇祯款青花人物纹罐

图 65　崇祯款青花山水人物纹净水碗

图 66　青花开光松鹿纹盘

图 67　青花开光花卉纹杯

沉船有：1606 年沉没的葡萄牙商船"马尔帝雷斯号（Martires）"，出水瓷器包括开光风格的盘、瓶等（图 66）；1609 年在西非洛佩斯沙洲沉没的荷兰商船"毛里求斯号"，出水瓷器 165 件，包括青花开光盘[1]；1613 年在南大西洋圣赫勒拿岛附近的詹姆斯敦港沉没的荷兰商船"白狮号"，出水瓷器包括 290 件完整器物和重达 300 公斤的瓷片，以景德镇窑克拉克瓷为主，有盘、碟、折沿盆、碗、酒壶、带盖盒等（图 67）；1615 年在毛里求斯海域沉没的荷兰"班达号"沉船，出水瓷器 40 件（图 68），风格与"白狮号"出水瓷器接近；1622 年在南非好望角海域沉没的葡萄牙"巴普蒂斯塔号"沉船；1622 年在美国佛罗里达海域沉没的西班牙"阿托查号"沉船；1630 年在南非海岸普利登堡湾伊丽萨白港沉没的葡萄牙"圣·贡洛萨号"沉船，出水瓷器包括开光风格的盘、碗、军持、盖盒等（图 69）；1638 年在关岛北部、

〔1〕Christine Ketel, Early 17th century Chinese Trade Ceramics for the Duch Market:Distribution,Types and Consumption,《逐波泛海——16 ～ 17 世纪中国陶瓷外销与物质文明扩散国际学术研讨会论文集》，香港城市大学中国文化中心，2012 年。

图 68-1　"班达号"沉船出水青花瓷

塞班岛附近海域沉没的西班牙"皇家商人号"沉船；1641 年在多米尼加圣多明各附近海域沉没的西班牙"康塞普西翁号"沉船，出水瓷器包括开光风格的盘、杯等（图70）；天启年间（1621～1627 年）在马来西亚海域沉没的葡萄牙商船"万历号"，出水瓷器数千件，瓷片约 10 吨，绝大部分为景德镇窑青花瓷，包括盘、碗、军持、盖盒、盖罐、葫芦瓶等（图 71）；1643 年在南非海域沉没的葡萄牙"圣·玛丽亚号"沉船；1643～1646 年间在中国南海沉没的中国商船，经打捞后被命名为"哈彻"

图 68-2　"班达号"沉船出水青花开光花卉纹盘

图 69　青花开光花鸟纹盘

图 70　青花开光花卉纹杯

图 71-1　"万历号"沉船出水青花碗

图 71-2　"万历号"沉船出水青花瓶

图 71-3 　"万历号"沉船出水青花盘

沉船，该船出水瓷器约 25000 件，绝大部分是景德镇窑青花瓷（图 72）[1]。

本期器类主要有日用的罐、砚、瓶、梅瓶、盘、碗、碟、茶壶和随葬用的净水碗、炉、寿盘、墓志、买地券等，以寿盘为大宗，共 21 件，占本期纪年瓷的 54%。明代早、中期流行的用 5 个盖罐随葬的现象已不见，盛酒的梅瓶则明显增多，尤其是广西桂林，高等级墓中时有梅瓶出土。净水碗、墓志、买地券出土于瓷器烧造中心景德镇及周边地区。寿盘则发现于明代景德镇瓷器外运至当时重要外贸港口漳州月港的运输线上的抚河流域，如江西南城县、广昌县、石城县、宁都县。据明代《水陆路程便览》卷七记载，从江西抚河水

〔1〕［英］霍吉淑著，赵伟等译《大英博物馆藏中国明代陶瓷》，
　　　第 683 ~ 685 页，故宫出版社，2014 年；广东省博物馆编《牵
　　　星过洋——万历时代的海贸传奇》，第 309 页，岭南美术
　　　出版社，2015 年；刘淼、胡舒扬《沉船、瓷器与海上丝绸
　　　之路》，第 154 ~ 176 页，社会科学文献出版社，2016
　　　年；Colin Sheaf, Richard Kilburn, *The Hatcher Porcelain
　　　Cargoes*, Phaidon Christie's, Oxford, 1988。

图 72　"哈彻"沉船出水青花瓷

路入闽官道为：在南城上岸，从黎川杉关出境，经福建光泽、邵武，达省会福州。景德镇瓷器外销水陆联运线路则为：在景德镇昌江装船，顺着饶河入鄱阳湖，溯抚河而上到广昌县城旴江镇（以前为城郊公社）上岸，从石城磜头隘出境，经福建宁化、永安，从潭平入九龙江直达月港[1]，这是一条民间商道，也是福建私盐入赣通道。广昌附近的官员尤其是挑夫在长期往返广昌和潭平途中有机会接触并接受了景德镇外销瓷，这也许是晚明外销瓷在抚河流域时有出土的原因所在。那么，这些品质不佳的青花开光盘，是如何到广昌等地的呢？它们应该是月港码头验货过程中落选的次品。

〔1〕受景德镇瓷器外销影响，明代后期，福建潭平平和镇兴起了平和窑，烧造外销瓷，但是并没有获得预想的成功。1712年法国传教士殷宏绪在《饶州书简》中说："至于中国各地烧造的不能称为瓷器的陶器，暂且不提。事实上，其他省，如福建、广东等地也制作瓷器。但是，即使是外国人也绝不会把它们同景德镇的瓷器加以混淆，福建产的瓷器，虽白如雪，但无光无色。从前，景德镇的陶工曾把原料运到福建（烧造瓷器），想卖给在厦门做生意的欧洲巨商，企图赚取暴利，但终徒劳，未能成功。无知的当今皇帝下令把陶工和制瓷所需要的一切东西带进北京。陶工在御前尽力而为，以期成功，但未能见效，遂归失败。之所以没有成功，兴许是牵涉到利害关系或政治的原因，但不管怎样，景德镇终究独占着向世界各地供给瓷器的荣誉。"虽然说的是清康熙五十年（1711年）的事，但明代晚期的情况更是如此。

　　1616 年（万历十四年）10 月 10 日荷兰东印度公司汉·彼得兹·科恩给公司董事们的信中就提到："……在这里我要向您报告，这些瓷器都是在中国内地很远的地方制造的，卖给我们各种成套的瓷器都是定制，预先付款。因为这类瓷器在中国是不用的，中国人只有拿它来出口，而且不论损失多少，也是要卖掉的。"[1]

　　向欧洲出口的瓷器往往是按奇特的新式样烧造出来的，新品种很难做成功。这些产品即使稍带点毛病也为要求物质完美无缺的欧洲人所拒绝，终将成为陶工手里的存货。这类产品因中国人不感兴趣，故很难在国内脱售。[2]

　　这些落选的次品，因不符合中国人的审美取向，不可能作为商品出口转内销，便成了废品，没有商业价值，因此才落入了搬运工这类苦力手中。目前所知，广昌县青花开光盘出土地点也集中分布在抚河水路转陆路上岸地盱江镇周边。

　　青花开光盘大致可以分为两类。一类为口径约 20 厘米的中小盘，胎体厚重，胎质疏松，制作粗糙，绘画草率，作放射状六开光或八开光式，开光内绘折枝石榴，不见绘向日葵、八吉祥者；盘心圆圈内绘松鹿纹，双鹿相视，偶见三鹿、四鹿者，衬以石榴、灵芝、丛草，石榴多子，被视为"福"，鹿谐音"禄"，松被视为"寿"，三者结合寓意"福禄寿"，是民间喜闻乐见的题材，用作寿盘，是较为适当的图案。"金鹿号"遗弃物、"圣迭戈号"沉船、"圣玛格丽特号"沉船、"万历号"沉船和"哈彻"沉船出水瓷中包括一批此类装饰风格的松鹿纹盘，台湾澎湖风柜尾遗址及马公港遗址（图 73）[3]、日本平户荷

〔1〕中国硅酸盐学会主编《中国陶瓷史》，第 410 页，文物出版社，
　　　1982 年。

〔2〕［法］殷宏绪著，景德镇陶瓷馆资料编印组译《法国人殷
　　　宏绪记录的景德镇清代瓷俗》，《景德镇陶瓷习俗》附录，
　　　江西高校出版社，2004 年。

〔3〕卢泰康《从台湾与海外出土的贸易瓷看明末清初中国陶瓷
　　　的外销》，《逐波泛海——16 ～ 17 世纪中国陶瓷外销与
　　　物质文明扩散国际学术研讨会论文集》，香港城市大学中
　　　国文化中心，2012 年。

图 73　台湾澎湖马公港遗址出土青花开光风格瓷片　　　图 74　墨西哥国家宫遗址出土青花开光花鸟纹盘

兰商馆遗址[1]、墨西哥国家宫遗址（图 74）[2]、肯尼亚格迪古城遗址[3]等也有类似装饰风格的松鹿纹盘出土，欧洲一些博物馆亦有此类盘收藏的相关报道，表明此类盘曾批量外销亚洲、非洲、欧洲、美洲市场。此类开光松鹿纹盘，国内纪年墓出土的最早实物见于江西省广昌县万历元年墓，海外最早实物见于 1579 年"金鹿号"遗弃物，二者时间接近；景德镇观音阁明代后期窑址也有类似装饰风格的瓷片出土（图 75），三者可以互证。另一类为口径 25 厘米以上的大盘，口径大者超过 50 厘米，胎薄釉润，作莲瓣形八开光式，开光内交替绘向日葵、八吉祥图案各 4 种，相间布局，向日葵多数为一个花头，偶见 2～3 个花头者；八吉祥纹样配置较为随意，主要有蕉叶、灵芝、红叶、法螺、鼓板、书画等具有吉祥意义的图案，盘心作八连弧纹开光，外区绘若干组锦地纹，内区主体纹饰为花鸟、水禽、杂宝等吉祥如意、生意盎然的纹样，内外区之间留白，也有的外

〔1〕张仲淳《日本平户荷兰商馆遗址出土明代中国瓷器研究》，《中国古陶瓷研究》第十四辑，紫禁城出版社，2008 年。

〔2〕卢泰康《从台湾与海外出土的贸易瓷看明末清初中国陶瓷的外销》，《逐波泛海——16～17 世纪中国陶瓷外销与物质文化扩散国际学术研讨会论文集》，香港城市大学中国文化中心，2012 年。

〔3〕刘岩等《肯尼亚滨海省格迪古城遗址出土中国瓷器》，《文物》2012 年第 11 期。

区留白，没有图案；外壁纹饰则极为简单草率，大小开光以简单的线条隔开（图76）。此类开光盘与前述开光松鹿纹盘相比，图案工整对称，纹样奇特别致，富有异国情调，是为外销需要而设计制作的新器形，深受国外消费者欢迎，学术界称之为"克拉克瓷""加橹瓷"，这些几何形开光，极像芙蓉花瓣，故被日本人称为"芙蓉手"。台湾淡水红毛城遗址[1]、巴林国卡拉特巴林遗址[2]、"白狮号"沉船、"圣·贡洛萨号"沉船、"班达号"沉船、"万历号"沉船、"哈彻"沉船等同时期沉船出水瓷中包括一批此类装饰风格的盘，尤其是"万历号"沉船（图77）、"哈彻"沉船出水瓷器中，上述两种风格的盘共存；1982年江西省广昌县城郊公社北门李仔坑万历三十六年墓出土2件瓷盘，同样是上述两种风格的盘共存（图78）[3]。上述两种风格的青花开光盘，在景德镇观音阁窑址（图79）、珠山西路窑址（图80）、明清御窑遗址等均有出土，产地明确。青

图75　景德镇观音阁明代后期窑址出土青花开光风格瓷片

开光内绘折枝石榴，与青花开光松鹿纹盘装饰风格相近，以实物证明明代开光装饰风格瓷器原产地在景德镇。

图76　青花开光人物纹盘

菲律宾私人收藏，引自《菲律宾所见中国和越南青花瓷》。

〔1〕成耆仁《台湾考古——近年出土收藏17世纪以后的外销瓷器》，《逐波泛海——16～17世纪中国陶瓷外销与物质文明扩散国际学术研讨会论文集》，香港城市大学中国文化中心，2012年。

〔2〕赵冰《巴林国卡拉特巴林遗址出土的16～17世纪中国瓷片》，《逐波泛海——16～17世纪中国陶瓷外销与物质文明扩散国际学术研讨会论文集》，香港城市大学中国文化中心，2012年。

〔3〕姚澄清等《试谈广昌纪年墓出土的青花瓷盘》，《江西文物》1990年第2期。

图 77　青花开光盘

"万历号"沉船出水。放射形、莲瓣形两种开光风格并存，表明两者有共
存关系，江西省广昌县万历三十六年墓中同样是两者共存，可以互证。

图 78　青花开光博古纹盘与青花开光松鹿纹盘

图 79　景德镇观音阁明代后期窑址出土青花开光风格瓷片

图 80　景德镇珠山西路明代窑址出土青花开光风格瓷片

图 81　日本、荷兰仿制的青花开光软瓷盘

↓ 图 82　斯尼德斯静物画

1630 年。画中绘有仿中国明代克拉克瓷风格的代尔夫特青花陶碗。

斯尼德斯（1579 ~ 1657 年），佛兰德斯画家。美国国家美术馆藏。

→ 图 83　万历款青花开光花鸟纹盘

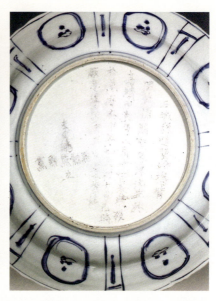

花开光盘、碗在欧洲盛行一时，日本、荷兰等地曾批量仿制（图 81），同一时期欧洲的
静物画中也不时出现此类装饰风格的青花瓷（图 82）。沉船出水青花开光盘和欧洲存世
的青花开光盘，品质优良，而江西广昌、南城等地出土青花开光盘，均有窑裂、窑粘、
变形之类烧造质量问题，不能作为日常生活用品，多用作明器，两件盘口对扣，置于死
者头部，作枕头用，民间通常称为"寿盘"，也算是废物再利用。就本期纪年墓材料来看，
从藩王墓到普通平民百姓墓均随葬寿盘，足见其普及程度之广。香港中文大学文物馆收
藏的江西省石城县出土的明万历四十八年款（1620 年）青花开光花鸟纹盘，盘外底刻有
包括 64 字的墓志铭文（图 83），记载了死者生平、生卒时间[1]，表明寿盘除用作枕头外，
还兼作墓志。江西地区随葬寿盘，或在寿盘内心、外底刻墓志铭文的风俗，从晚明一直

〔1〕江西省博物馆、香港中文大学文物馆《江西元明青花瓷》，
　　 香港中文大学文物馆，2002 年。

延续到民国时期，是独特的地方文化现象，值得深入探讨。

本期青花瓷，由于窑炉改进、窑温升高，加之胎体趋薄，细器瓷化程度明显提高；亦有质地粗糙疏松者，挖足、修胎粗糙，底足粘沙，有放射状跳刀痕；多数釉层较厚，釉色莹白，白中泛青，开细纹片；青花瓶类器，器口镶酱黄釉，器体釉面开细片，在纹样和底款上都凸起一层比底釉青白的浆白釉，釉面不平整，好似在画好纹样、通体施釉后再在纹样和底款处加涂一层釉所致，成为晚明青花独到的装饰工艺，时代特征鲜明。

因回青料已用完，遂被迫改用国产土青料，致使青花呈色不一，或清淡典雅，泛灰青色，或浓艳青翠，鲜艳明快，这是因绘画青料产地、等级不同所致。文献记载表明，最晚约在万历三十四年，已经找到了取代回青的上等钴料——浙青。

> 江西矿税太监潘相，以矿撤销，移住景德镇。上疏请专理窑务，又言描画瓷器须用土青，惟浙青为上，其余庐陵、永丰、玉山县所出土青颜色浅淡，请变价以进，从之。[1]

从出土实物来看，上等青料在万历三十四年以前已经提炼成功，典型器有万历三十一年（1603 年）益宣王朱翊钶墓出土青花开光花鸟纹盘，青花发色蓝艳，莹透明快（见后文彩版 53）。此时，在青料加工技术上有所进步，用先进的煅烧法取代水洗法，这是青料提纯方法的技术革新，也是青花发色更加青翠艳丽的原因所在。

> 画碗青料，总一味无名异。此物不生深土，浮生地面，深者堀下三尺即止，各省直皆有之。亦辨认上料、中料、下料。用时先将炭火丛红煅过。上者出火成翠毛色，中者微青，下者近土褐。上者每斤煅出只得七两，中下者以次缩减。如上品细料器及御器龙凤等，皆以上料画成，故其价每石值银二十四两，中者

---

〔1〕《明实录·神宗实录》卷四一九"万历三十四年三月乙亥"条，中华书局，2016 年。

半之，下者则十之三而已。凡饶镇所用，以衢、信两郡山中者为上料，名曰浙料，上高诸邑者为中，丰城诸处者为下也。凡使料煅过之后，以乳钵极研，然后调画水。调研时色如皂，入火则成青碧色。[1]

纹饰的画法多双勾分水，分水往往越出外轮廓线，有的成团成片，有的纵横淋漓，有的清晰明丽，有的阴沉浑浊；细瓷分水层次清晰，色泽明净，有多个色阶，产生明暗变化自如、色阶丰富莹透的效果，开启清康熙青花料分五色的先河。图案装饰完全突破了历来官窑瓷器构图规范化、程式化的束缚，出现了大量中国画构图式的写意花鸟、人物、山水以及各种动物题材的画面，丰富多彩，手法多样，诸如鹤鹿同春、池塘小景、福禄寿等，具有以写代描、以形写神、状物抒情的中国写意画的文雅之气，富有生活情趣和时代气息，亦有折枝花卉、松鹿、蛱蝶、夔龙、芦雁、向日葵、博古图等，盛行花鸟纹，鸟的形态多样，动势夸张，矫健敏捷，有的栖息于花果枝头，有的飞翔在翠竹林荫之中，有的跳跃于山石之间，各有其态，各尽其趣。

款识主要有"大明年置""永乐年制""宣德年制""大明宣德年制""大明成化年制""大明正德年制"等伪托款（图84）[2]，"雅""佳""福""万古长春""永

---

[1]（明）宋应星《天工开物》卷七《陶埏》，江西省图书馆藏本。

[2] 晚明时期，兴起收藏复古风，明前期青花瓷成为鉴赏对象，这类伪托款的出现，正是这一风尚的体现。田艺蘅云："大明永乐窑、宣德窑、成化窑皆纯白或回青、石青画之。宣德之贵，今与汝敌，而永乐、成化亦以次重矣。"《留青日札》卷六《留留青》，上海古籍出版社，1985年。王世贞云："窑器当重哥、汝。而十五年来忽重宣德，以至永乐、成化，价亦骤增十倍。"《觚不觚录》，中华书局丛书集成初编本，1985年。沈德符云："本朝瓷器，用白地青花，间装五色，为古今之冠。如宣窑品最贵。近日又贵成窑，出宣窑之上。盖两朝天纵，留意曲艺，宜其精工如此。然花样皆作八吉祥、五供养、一串金、西番莲，以至斗鸡、百鸟、人物故事而已。至嘉靖窑，则又仿宣、成二种而稍逊之。惟崔公窑加贵，其值亦第宣、成之十一耳。"《万历野获编》卷二六《玩具》之"瓷器"条，中华书局，1997年。

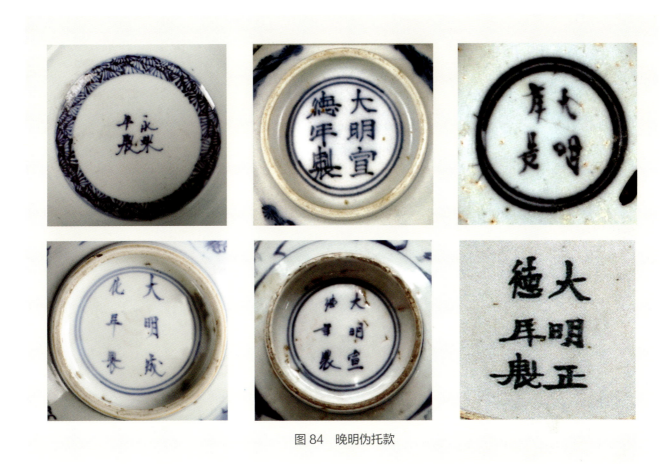

图 84 晚明伪托款

保长春"、"长命富贵"、"富贵佳器"、"天禄佳器"、"玉堂佳器"一类吉语款（图 85），或灵芝、花朵、兔形花押款（图 86），或"益府典膳所"（图 87）、"万历年德府造"（图88）、"周府上用"一类标明器物所有者的堂名款。另有一类佛前供器逐渐增多，往往有以祈福、求财保平安为中心内容的题款，较有特色，如故宫博物院藏明万历款青花云龙纹炉，腹部题款："江西抚州府临川县客寓平阳县市心街居住。信士黄世锦、妻林氏，男，子黄子露同侄黄子佩、妻薛氏、陈氏，男应神，喜舍大香炉、花瓶一付，祈保家门清吉，人口平安，买卖亨通，诸事迪吉，福有所归。大明万历壬寅仲夏立日吉。"

画面构图疏朗简洁，线条洒脱，纹饰写意，内容融入了晚明的绘画题材，以抒情的山水、花鸟、人物为主，绘画迅速，笔法自由、奔放，有的用笔秀润，有的简劲含蓄，力求在人物、动物的个性上着力，如生气盎然的"鹿鹤同春"，飞翔在花丛中的蛱蝶，

图 85　晚明吉语款

图 86　晚明兔形花押款

图 87　"益府典膳所"款青花盘

图 88　"万历年德府造"款青花罐

活跃在莲池中的水禽，时而逸笔草草，自然逼真，时而率意勾勒，形神兼备，无不流露出中国画的笔墨情趣和田园诗意（图89）。另一方面，以历史典故、戏曲故事和吉祥图案为装饰题材，针对高端消费市场，画面空灵简约，光彩夺目，更具文人气息，平添一股清新雅致的韵味，令人耳目一新。而且这类器物，为了满足文人们追求淡远寒荒的意境，打破了长期以来青花瓷在颈部、肩部及底部装饰各种边饰图案的传统，整个器物仅以绘画装饰（图90），如南城县天启四年（1624年）墓出土青花松鹤鹿纹瓶（见后文彩版69）、南城崇祯元年傅母游氏墓出土青花蛱蝶纹玉壶春瓶（见后文彩版63）等，均无边饰，受邻近地区徽州板画艺术影响痕迹明显。晚明时期，雕版印刷技术的提高为画本的兴起提供了技术保障，《程式墨苑》《诗馀画谱》《唐诗画谱》《金陵图咏》《项氏画谱》等一大批画本密集投放市场，为景德镇制瓷业因御窑停烧后缺乏新的设计图样提供了方便实用的创作素材，从而开启了一股新风，这就是古陶瓷界所说的明末清初景德镇"转变期"风格，也是荷兰东印度公司景德镇瓷器订单中所记录的新风格品种（图91），从1636年春季开始，

图 89　青花花鸟纹杯

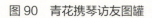

图 90　青花携琴访友图罐

图 91　"哈彻"沉船出水青花瓷

《热兰遮城日志》中首次出现了"新型的"与"旧型的"精美瓷器两个概念，用新、旧来区分中国瓷器的外观。卢泰康认为这可能是导致明末清初中国景德镇瓷器新风格产生的起点[1]。

  总之，景德镇民窑青花历史悠久，内涵丰富，很多课题尚待深入研究。近年来，随着水下考古技术的提高，海洋考古事业的发展，海上瓷器之路上明代沉船时有发现，船内出水的中国瓷器，尤其是景德镇青花瓷，坚实不朽，不为海水侵蚀，得以完好地重出水面。沉船资料，尤其是欧洲沉船往往可以从欧洲诸国的东印度公司历史档案中找到相关记录，有年可考，有案可稽，出海港口、出发时间、装载货物清单等都有详细记录。出水的景德镇青花瓷，往往与同时期江西各地纪年墓出土的标本在造型、纹饰、装饰风格方面相一致，在景德镇明代民窑遗址也有同类标本出土，从而大大拓展了我们研究青花瓷的视野。随着考古发现的增多和相关研究的深入，建立一个初具规模且能大体涵盖明代民窑青花瓷的断代体系，条件已基本具备。我们如果以纪年墓出土的青花瓷为标准器，将考古地层学、类型学和历史文献学相结合，参之以同期景德镇明代御窑青花瓷研究的已有成果，证之以沉船出水瓷器标本，对典型器的胎釉工艺、装饰题材、绘画风格以及产生这些变化的社会、经济、文化背景进行综合研究，总结出民窑青花瓷自身演变的内在规律，必定能将民窑青花瓷研究引向深入，建立一个精到细密、科学合理的民窑青花瓷断代体系。

---

[1] 卢泰康《从台湾与海外出土的贸易瓷看明末清初中国陶瓷的外销》，《逐波泛海——16～17世纪中国陶瓷外销与物质文明扩散国际学术研讨会论文集》，香港城市大学中国文化中心，2012年。

明代景德镇民窑
纪年青花瓷

The Ming Dynasty
Jingdezhen Kilns
Dating Blue and White Porcelain

图
版

1. 青花缠枝莲纹螭耳瓶

1989 年江西省德兴市黄柏乡福泉山
正统十二年（1447 年）张叔蒬墓出土
现藏江西省德兴市博物馆
口径 5、足径 6.6、高 18.8 厘米

出土 1 对，造型、纹饰相同。盘口、长颈、双螭耳、溜肩、鼓腹、胫内收、圈足外撇下折成台状足。外口沿饰双弦纹，颈上半部分饰六瓣蕉叶纹，其下饰一周回纹，肩部绘两朵卷云纹，腹部主题纹饰为二方连续缠枝莲纹，胫部饰一周螺旋状云纹，圈足饰一周朵花纹，以上各组纹饰间界以双弦纹。通体施青白釉，釉色白中泛青，开细纹片，底足露胎，露胎处泛火石红。青花发色蓝中泛灰，积青处有黑斑。江西省博物馆藏青花缠枝莲纹螭耳瓶与此瓶造型、纹饰相近，青花缠枝莲纹长颈瓶装饰风格、绘画方法与此瓶相近。

张叔蒬墓出土青花瓷 3 件。从伴出地券可知，墓主葬于永乐八年（1410年），正统十二年改葬。这些瓷器不是生活日用瓷，而是专门用于随葬的明器，与同一墓群所出景泰二年（1451 年）青花瓷和新建县正统二年（1437 年）宁惠王朱盘烒墓所出青花缠枝莲纹盖罐相比，构图繁密，青花发色偏灰，仍较多地保留了明初遗风。因正统十二年是迁坟时间，不一定是瓷器的制作时间，其时代在初次下葬的永乐时期可能性更大。

江西省博物馆藏
青花缠枝莲纹螭耳瓶

江西省博物馆藏
青花缠枝莲纹长颈瓶

参考文献
孙以刚《江西德兴明正统景泰纪年墓葬青花瓷考述》，《中国古陶瓷研究》（第六辑），紫禁城出版社，2000 年。

2. 青花缠枝莲纹筒式圈足炉

1989 年江西省德兴市黄柏乡福泉山
正统十二年（1447 年）张叔蒐墓出土
现藏江西省德兴市博物馆
口径 13.2、足径 7.1、高 8.5 厘米

直口，宽唇外凸，筒形腹，下腹微内
收，平底，矮圈足。口沿下饰一周卷
云纹，腹部绘缠枝莲纹，两组纹饰间
以双弦纹相隔。通体施青白釉，釉色
白中泛青，开细纹片，炉内及底足露
胎。胎质、釉色、青花发色与前述同
墓所出青花缠枝莲纹螭耳瓶相同。

参考文献
孙以刚《江西德兴明正统景泰纪年墓葬青花
瓷考述》，《中国古陶瓷研究》（第六辑），
紫禁城出版社，2000 年。

3. 青花缠枝莲纹盖罐

1958 年江西省新建县珂里乡
正统二年（1437 年）宁惠王朱盘烒墓出土
现藏江西省博物馆
口径 8.6、底径 8.4、通高 19.5 厘米

出土 1 对，造型、纹饰相同。笠帽形盖，子口，宝珠纽，顶部隆起。器身直口，矮颈，丰肩，鼓腹下收，假圈足。盖沿饰双弦纹，盖面饰双层双线螺状莲瓣纹。器身画面构图布局疏松，线条流畅，花大叶小，花卉突出，笔力简率而秀丽，画工细腻，肩部饰一周莲瓣共 10 瓣，此类莲瓣一般用于器下腹装饰，用于肩部装饰者极为少见，腹部主题纹饰为四朵缠枝莲纹组成的四个开光图案，下腹近底处饰双层双线螺状莲瓣纹。其中一件颈部饰

一周回纹。盖内、底足露胎，露胎处见火石红。

同出盖罐共 5 件，造型相同，胎色洁白，胎质细腻，釉面莹润，青花发色浓艳，用进口苏麻离青料绘画，它们的区别主要表现在肩部装饰，或饰莲瓣，或饰杂宝，或饰折枝花卉。作为边饰的莲瓣，各具特色，有白描、写实、螺状等数种。这些瓷器造型工整，略有变形，属明早期民窑细瓷中的上品。据伴出墓志和《明史》的相关记

载可知，此墓墓主为宁惠王朱盘烒，葬于正统二年。江西省博物馆藏青花缠枝莲纹三足炉、青花缠枝莲纹罐以及高安市博物馆藏青花缠枝莲纹罐，胎质、釉色、青花发色及莲纹画法与此罐相近。

参考文献

古湘、陈柏泉《介绍几件元、明青花瓷器》，《文物》1973 年第 12 期；《明史》卷一一七《诸王二》，中华书局，1974 年。

江西省博物馆藏青花缠枝莲纹三足炉　　　　江西省博物馆藏青花缠枝莲纹罐　　　　高安市博物馆藏青花缠枝莲纹罐

朱盘烒墓出土青花盖罐

4. 青花缠枝莲纹盖罐

1958 年江西省新建县珂里乡
正统二年（1437 年）宁惠王朱盘烒墓出土
现藏江西省博物馆
口径 8.6、底径 8.4、通高 19.5 厘米

笠帽形盖，子口，宝珠纽，顶部隆起。
器身直口，矮颈，丰肩，鼓腹下收，
假圈足。盖沿饰双弦纹，盖面饰双层
三线莲瓣纹。器身肩部饰一周由钱
纹、方胜、灵芝、螺、角、夹板、双
角、车轮组成的杂宝图案，腹部主题
纹饰为四朵缠枝莲纹组成的四个开光
图案，花叶勾线填色，枝蔓一笔点划，
下腹近足处饰双层双线螺状莲瓣纹。
盖内、底足露胎，露胎处见火石红。

参考文献

古湘、陈柏泉《介绍几件元、明青花瓷器》，
《文物》1973 年第 12 期。

5. 青花缠枝莲纹盖罐

1958 年江西省新建县珂里乡
正统二年（1437 年）宁惠王朱盘烒墓出土
现藏江西省博物馆
口径 8.6、底径 8.4、通高 19.5 厘米

笠帽形盖，子口，宝珠纽，顶部隆起。
器身直口，矮颈，丰肩，鼓腹下收，
假圈足。盖沿饰双弦纹，盖面饰双层
双线螺状莲瓣纹，内圈线条加粗，有
写实效果。器身肩部饰一周双层四线
覆莲瓣纹，腹部主题纹饰为缠枝莲纹，
下腹近足处饰双层双线螺状莲瓣纹。
盖内、底足露胎，露胎处见火石红。
江西省博物馆藏青花缠枝莲纹梅瓶，
构图方式及缠枝莲纹、折枝花卉纹的
画法与此罐相近。

参考文献
古湘、陈柏泉《介绍几件元、明青花瓷器》，
《文物》1973 年第 12 期。

江西省博物馆藏青花缠枝莲纹梅瓶

6. 青花缠枝莲纹盖罐

1958 年江西省新建县珂里乡
正统二年（1437 年）宁惠王朱盘烒墓出土
现藏江西省博物馆
口径 8.6、底径 8.4、通高 19.5 厘米

笠帽形盖，子口，宝珠纽，顶部隆起。
器身直口，矮颈，丰肩，鼓腹下收，
假圈足。盖沿饰双弦纹，盖面饰双层
双线白描莲瓣纹。器身肩部饰三组折
枝花卉纹，腹部主题纹饰为四朵缠枝
莲纹，下腹近足处饰双层双线白描莲
瓣纹。盖内、底足露胎，露胎处见火
石红。

参考文献
古湘、陈柏泉《介绍几件元、明青花瓷器》，
《文物》1973 年第 12 期。

7. 青花罗如墉敕命牌

1978 年江西省吉安市征集
现藏江西省博物馆
宽 33.3、高 48.1、厚 7 厘米

上下边饰为双龙戏珠，左右边饰为双线回纹。上半部分横书楷体牌额"奉天敕命"，其下直行楷书："奉天承运，皇帝敕曰：行人之职，所以宣达命令于四方，必得材学通敏之士，庶几不辱国命，肆我祖宗，必择进士任之，盖慎重其选也。尔修职郎行人司行人罗如墉，发身贤科，授以斯职，式克勤慎，以举其官，比以随征，陷于战阵，劳苦可悯，良切朕心，是用锡之勒命以示褒嘉。于哉！人孰无死，惟死于国事者为至荣也。尔尚只服隆恩，永慰溟漠。敕命之宝。景泰元年六月二十一日。"牌体中空，内用"非"字形排列的板块支撑，正反两面施釉，侧边露胎并留气孔。釉色白中泛青。青花发色靛蓝，浅处泛灰，有晕散。其板面宽大，竖立烧成，当时确属罕见。此瓷牌是迄今所见唯一有明确年款的景泰青花瓷，但年款反映的是敕命下达时间，并不能说明瓷牌的具体制作时间，仅能说明制作时间不会早于景泰元年（1450 年），当然也不会距此太久。

罗如墉，字本崇，庐陵人（今吉安县），进士，授行人之职，正统十四年（1449 年）殉于"土木堡之变"。景泰帝即位后，对在"土木堡之变"中的死难者进行褒奖抚恤，罗如墉被褒美一事，《明史》卷一六七亦有记载。罗如墉家族将其视为至高无上的荣耀，特地在景德镇订烧此瓷牌。从形制来看，此牌当时应是镶嵌在牌楼上或安置在宗族祠堂内，供人瞻仰，以示光宗耀祖，激励后人。

参考文献

吴志红《明景泰"奉天敕命"青花瓷牌》，《南方文物》1992 年第 2 期；《明史》卷一六七《王佐传》，中华书局，1974 年。

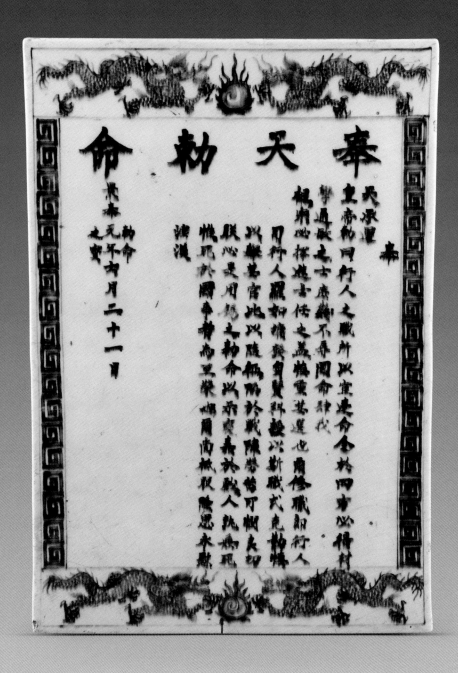

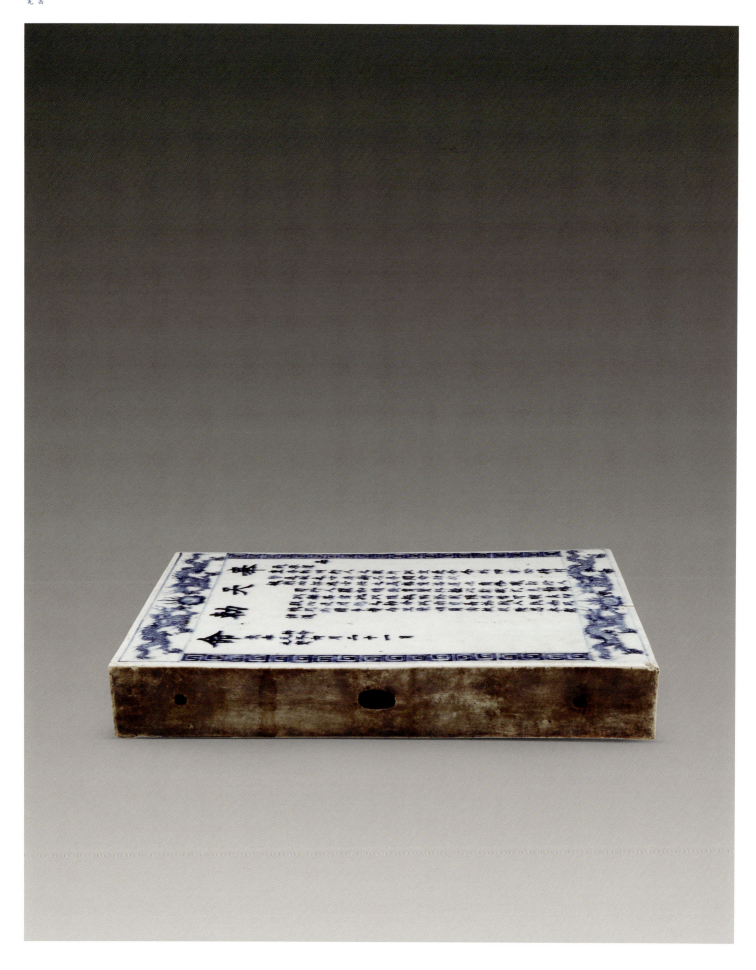

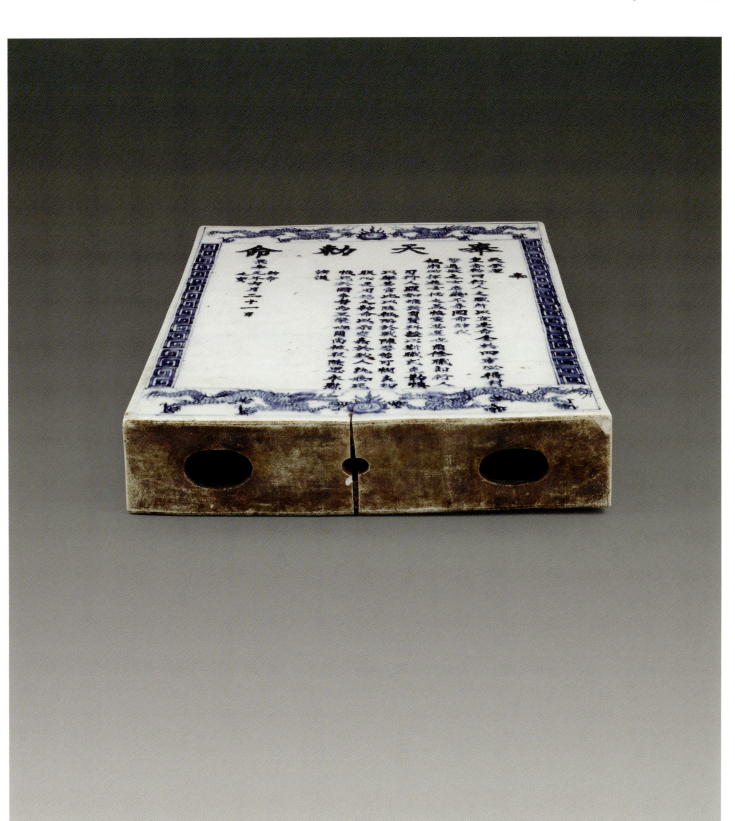

江西省博物馆藏青花缠枝花卉纹戟耳瓶

8. 青花缠枝花卉纹戟耳瓶

1989 年江西省德兴市黄柏乡福泉山
景泰二年（1451 年）墓出土
现藏江西省德兴市博物馆
口径 4.8、足径 5.9、高 17.7 厘米

出土 1 对，造型、纹饰、釉色、青花
发色均相同。侈口，圆唇，长颈，双
戟耳，溜肩，鼓腹，胫部内收，圈足
外撇。纹饰分为三组，各组间以双弦
纹相隔，颈部饰两枝折枝花卉，耳部
饰卷云纹，腹部绘缠枝花卉纹，胫部
绘一周卷云纹。胎体厚重。釉色白中
泛青，釉面莹润，底足露胎。青花发
色蓝艳，呈深蓝色，有褐斑。江西省
博物馆藏青花缠枝花卉纹戟耳瓶、景
德镇陶瓷馆藏青花缠枝花卉纹戟耳瓶
与此瓶造型、纹饰相同。

据伴出墓志可知，此墓墓主葬于景泰
二年，共出土青花瓷 3 件。

参考文献

孙以刚《江西德兴明正统景泰纪年墓葬青花
瓷考述》，《中国古陶瓷研究》（第六辑），
紫禁城出版社，2000 年。

景德镇陶瓷馆藏青花缠枝花卉纹戟耳瓶

9. 青花折枝花卉纹鼎式炉

1989 年江西省德兴市黄柏乡福泉山
景泰二年（1451 年）墓出土
现藏江西省德兴市博物馆
口径 8.3、高 10.5 厘米

盘口，桥形立耳，束颈，扁鼓腹，三
柱足。纹饰分为三组，各组间以双弦
纹相隔，口沿饰卷云纹，腹部绘折枝
花卉纹，足上部饰卷云纹。釉汁肥厚，
釉色卵白，釉质莹润，炉内釉不及底，
足尖露胎，露胎处见火石红。青花发
色蓝黑，有铁锈斑痕。江西省文物商
店藏青花折枝花卉纹双耳鼎式炉、江
西省博物馆藏青花折枝花卉纹双耳鼎
式炉，胎质、釉色、青花发色和折枝
花画法与此炉相近。

参考文献
孙以刚《江西德兴明正统景泰纪年墓葬青花
瓷考述》，《中国古陶瓷研究》（第六辑），
紫禁城出版社，2000 年。

江西省文物商店藏青花折枝花卉纹双耳鼎式炉

江西省博物馆藏青花折枝花卉纹双耳鼎式炉

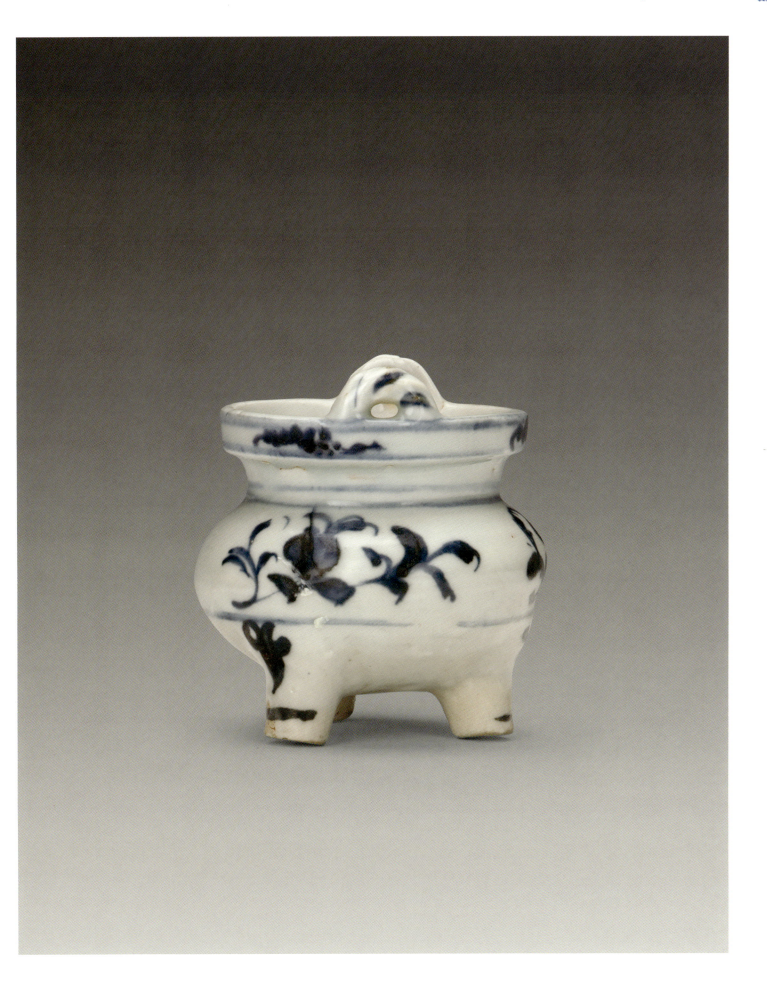

10. 青花折枝牡丹纹长颈戟耳瓶

1974 年江西省景德镇市东郊景泰四年
（1453 年）严升墓出土
现藏江西省景德镇陶瓷馆
口径 4.8、足径 4.9、高 15.3 厘米

出土 1 对，造型、纹饰相同。侈口、圆唇、
长颈，戟耳，溜肩，垂腹，矮圈足。其
中一瓶残一耳。纹饰分为三组，各组间
以双弦纹相隔，颈部绘折枝花卉纹，肩
部绘云纹，腹部绘折枝牡丹纹，用笔肥润、
圆柔。器外壁施釉，内壁未经旋削，仅
口部有釉，釉汁肥厚，釉色呈浅鸭蛋青色，
釉层内密布小气泡，使釉产生乳浊感，
有缩釉痕，底足露胎，露胎处见火石红。
青花发色蓝艳，料浓处泛灰，有铁锈斑。
江西省文物商店藏青花折枝花卉纹盖罐，
胎质、釉色、青花发色和折枝花画法与
此瓶相近。

据伴出墓志可知，墓主严升，葬于景泰
四年。此墓共出土青花瓷 7 件，即折枝
牡丹纹长颈戟耳瓶 1 对、折枝牡丹纹戟
耳瓶 1 对，以及松竹梅纹净水碗、折枝
花卉纹筒式圈足炉、结带宝杵纹碟各 1 件。

参考文献
欧阳世彬、黄云鹏《介绍两座明景泰墓出土的青
花、釉里红瓷器》，《文物》1981 年第 2 期。

江西省文物商店藏青花折枝花卉纹盖罐

严升墓出土青花松竹梅纹净水碗

严升墓出土青花折枝花卉纹筒式圈足炉

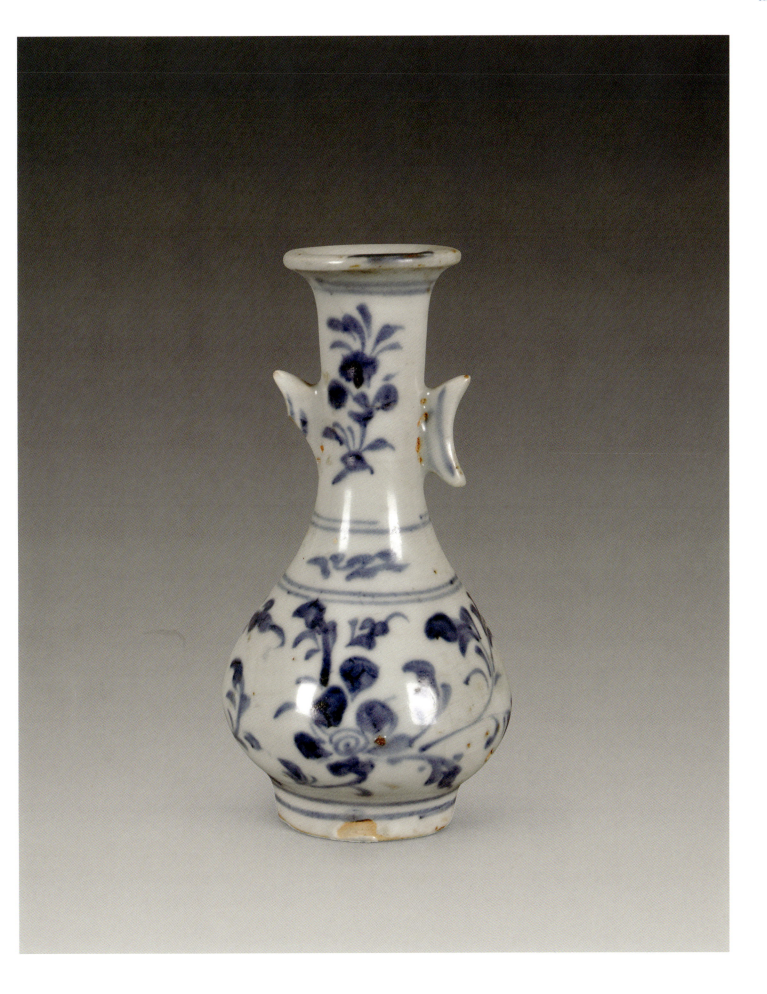

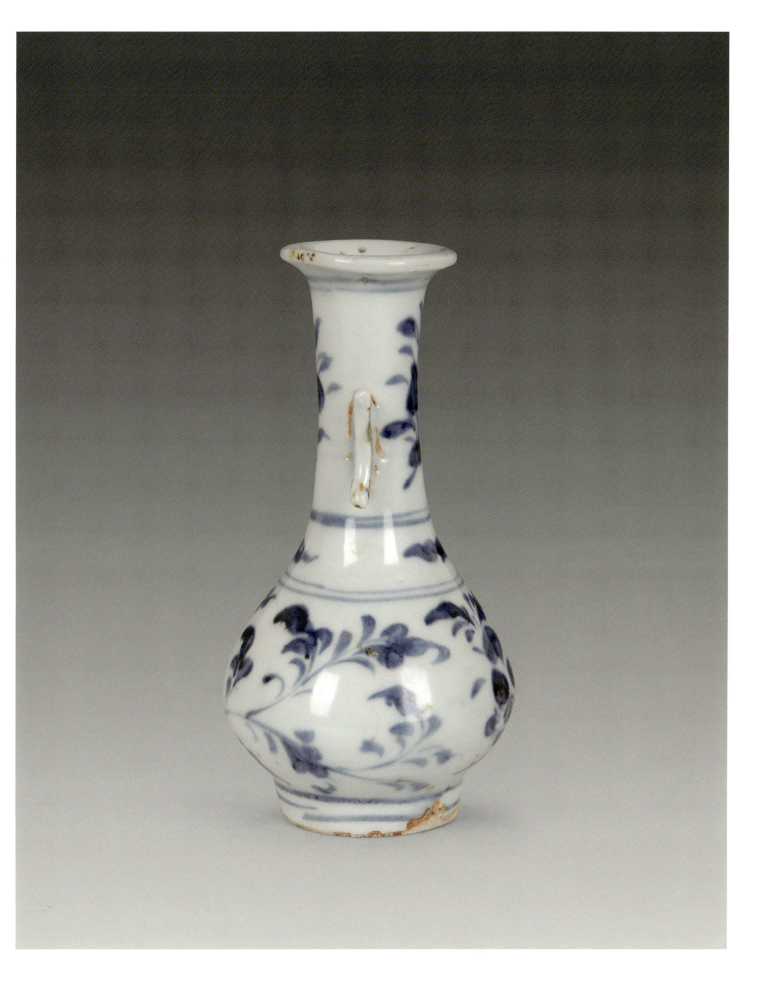

11. 青花结带宝杵纹碟

1974 年江西省景德镇市东郊景泰四年
（1453 年）严升墓出土
现藏江西省景德镇陶瓷馆
口径 13.8、足径 7、高 3.1 厘米

侈口，浅弧腹，圈足内敛，挖足过肩。
内口沿饰一周回纹，上下界以弦纹，
内底双弦纹内饰菊花心结带式四出金
刚宝杵纹；外壁饰一周缠枝莲纹，上
下界以弦纹。画面布局疏朗，绘制较
规整。釉汁肥厚，釉色呈浅鸭蛋青色，
有开片及缩釉痕，足脊露胎。青料浓
处呈色深蓝，积青处有褐斑，并微下
凹，料薄处泛灰。高安市博物馆藏青
花人物纹梅瓶，胎质、釉色和青花发
色与此碟相近。

参考文献
欧阳世彬、黄云鹏《介绍两座明景泰墓出土
的青花、釉里红瓷器》，《文物》1981 年
第 2 期。

高安市博物馆藏青花人物纹梅瓶

12. 青花卷云兰石纹碗

2012 年江西省金溪县秀谷镇景泰五年
（1454 年）刘徵士墓出土
现藏江西省金溪县文物管理所
口径 12.2、足径 4.9、高 6.7 厘米

侈口，斜腹，矮圈足。内壁近口沿处饰一周回纹，上下界以双弦纹，内底饰折枝花；外壁绘写意山石、花草小景，衬以卷云纹，画面构图疏朗。胎色白润，胎质坚实，胎体轻薄。釉色淡青透明，足脊露胎。青花用国产料，发色浓艳清新。此碗造型、纹饰与 1974 年江西省景德镇市北郊观音阁景泰七年（1456 年）袁楷贞墓出土青花卷云兰石纹碗相同（见后文彩版 14），胎质、釉色、青花发色略胜一筹。

该墓出土瓷器 6 件，包括青瓷瓶 2 件、青瓷碗 2 件，青瓷炉和青花碗各 1 件。据伴出墓志可知，墓主刘徵士，生于明洪武八年（1375 年），卒于正统四年（1439 年），出于风水原因，直至 15 年后的景泰五年才下葬。

墓志拓片

参考文献

江西省文物考古研究所、金溪县文物管理所《江西金溪秀谷明代纪年墓发掘简报》，《文物》2017 年第 12 期。

青瓷炉

青瓷碗

青瓷碗

13. 青花折枝花卉纹戟耳方瓶

1974 年江西省景德镇市北郊观音阁景泰七年
（1456 年）袁楷贞墓出土
现藏江西省景德镇陶瓷馆
口长径 3.3、短径 2.8 厘米，底长径 4.8、短径 4.7
厘米，高 15.2 厘米

出土 1 对，造型、纹饰相同。长方形口
微敛，长颈收束，戟耳，溜肩，鼓腹，
下腹收束，圈足外撇下折成台状足。纹
饰分为三组，各组间以双弦纹相隔，颈部、
腹部绘折枝花卉纹，胫部饰卷云纹，用
笔写意。胎质粗厚。器外壁施釉，釉汁
肥厚，釉色白中泛青，釉层内密布小气
泡，使釉产生乳浊感，有缩釉痕，内壁
未经旋削，仅口部有釉，瓶内、底足露胎。
青花发色灰蓝，料浓处泛灰，有铁锈斑。

据伴出墓志可知，墓主袁楷贞，葬于景
泰七年。此墓共出土青花瓷 7 件，即折
枝花卉纹戟耳方瓶 1 对、折枝花卉纹连
座炉 1 对，以及缠枝捧八宝纹碟、卷云
兰草纹碗、卷云兰石纹碗各 1 件。这批
瓷器的胎质、釉色、青花发色、装饰风
格与景德镇景泰四年（1453 年）严升墓
所出青花瓷风格相同。景德镇市郊明墓
出土青花缠枝莲纹碟、江西省文物商店
藏青花折枝花卉纹戟耳方瓶，胎质、釉色、
青花发色和装饰风格与此瓶相近，后者
造型、折枝花画法与此瓶相同。

袁楷贞墓出土青花缠枝捧八宝纹碟

袁楷贞墓出土青花卷云兰草纹碗

景德镇市郊明墓出土
青花缠枝莲纹碟

江西省文物商店藏
青花折枝花卉纹戟耳方瓶

参考文献

欧阳世彬、黄云鹏《介绍两座明景泰墓出土的青花、
釉里红瓷器》，《文物》1981 年第 2 期。

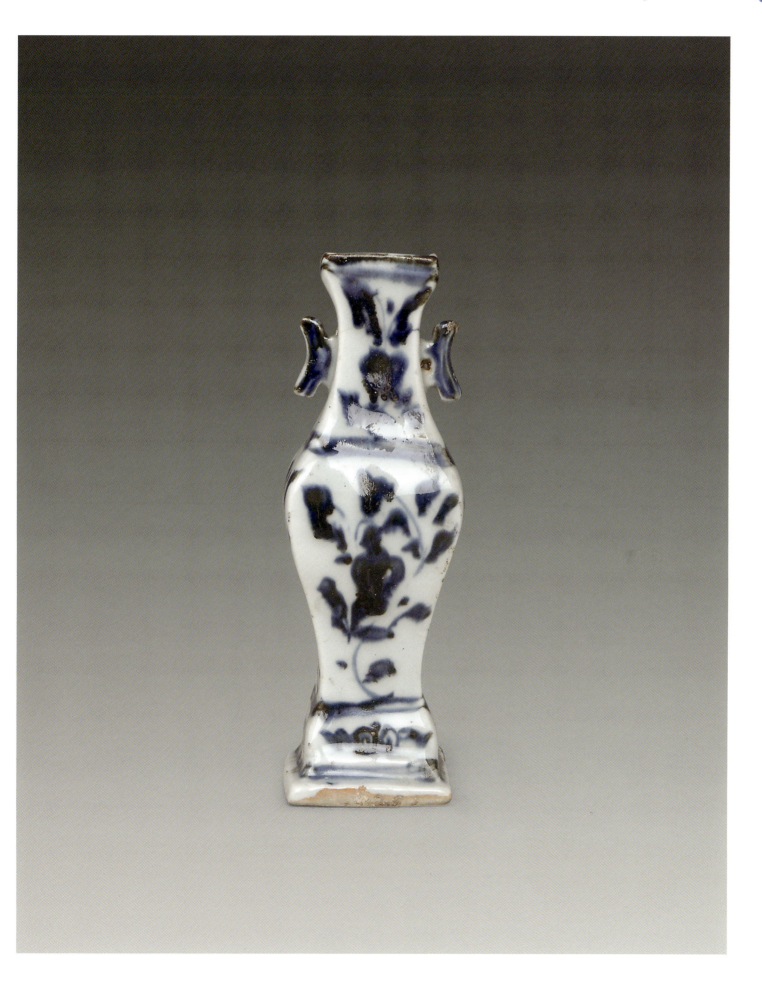

14. 青花卷云兰石纹碗

1974 年江西省景德镇市北郊观音阁景泰七年
（1456 年）袁楷贞墓出土
现藏江西省景德镇陶瓷馆
口径 14.7、足径 5.5、高 7.4 厘米

侈口，斜腹，矮圈足。内口沿两周弦
纹内饰一周回纹，内底绘一株兰草；
外壁绘写意山石、花卉小景，衬以卷
云纹。胎体厚重，胎质粗松，有明显
的捺眼。釉色淡青透明，积釉处细小
气泡密集，开细纹片，足脊露胎。青
花发色灰蓝，略有晕散，积青处有铁
锈斑，但所有弦纹料色均灰淡。江西
省文物商店藏青花山石云气纹筒式圈
足炉，造型与德兴市黄柏乡福泉山正
统十二年（1447 年）张叔蒐墓出土
炉相近，山石云气纹画法与此碗相近。

参考文献
欧阳世彬、黄云鹏《介绍两座明景泰墓出土
的青花、釉里红瓷器》，《文物》1981 年第
2 期。

江西省文物商店藏青花山石云气纹筒式圈足炉

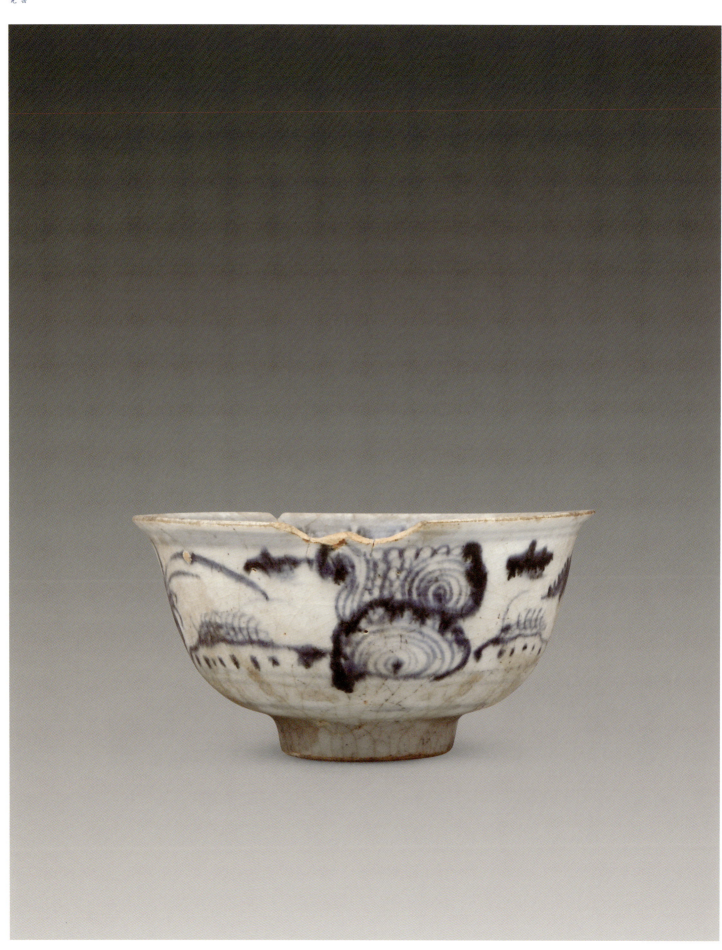

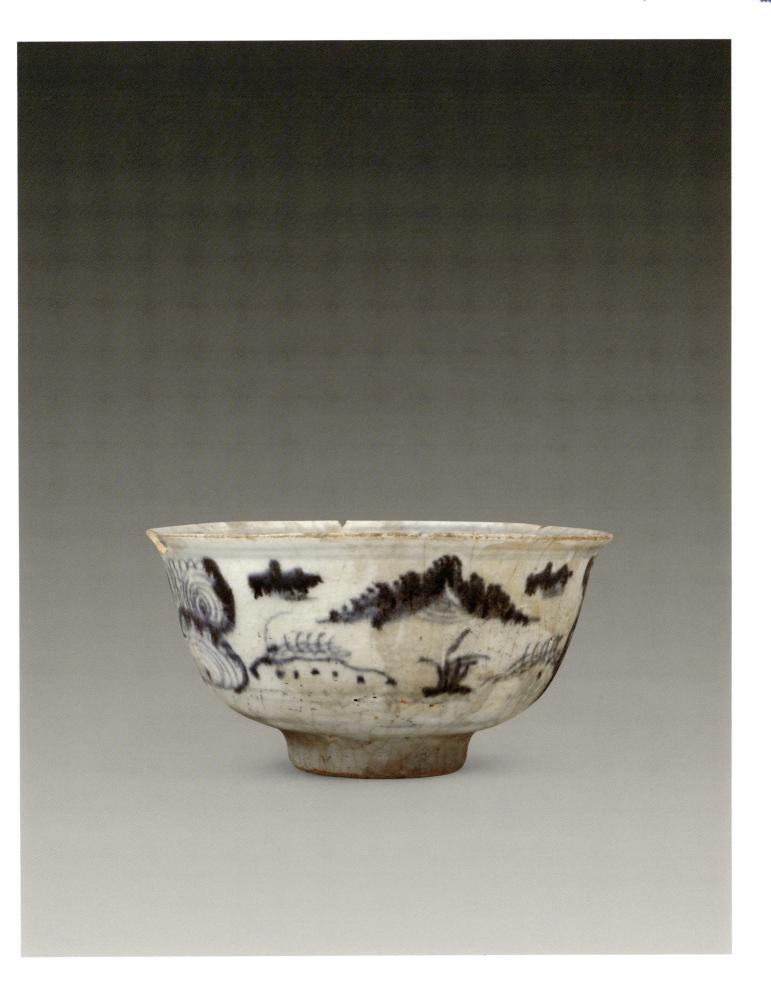

15. 天顺款青花龙纹方砚

1985 年江西省南昌县出土
现藏江西省南昌县博物馆
长 12.2、宽 8.8、高 3.3 厘米

仿石砚样式，长方形，砚面微凹，海
棠形墨槽，宽圈足。口沿以青花勾勒，
砚壁绘龙纹，砚底青花直书"天顺三
年吉日置用"楷书款。胎体厚重。釉
色白中泛黄，砚面、足脊露胎。青花
发色灰蓝。

16. 青花法轮纹盖罐

1974 年江西省鄱阳县磨刀石公社成化三年
（1467 年）墓出土
现藏江西省博物馆
口径 6.2、底径 6.7、通高 11.2 厘米

出土 2 件，造型、纹饰相同，其中一
件缺盖。笠帽形盖，宝珠纽。器身直口，
圆唇，溜肩，鼓腹，假圈足。盖面绘
一周栅栏式变形莲瓣纹。器身纹饰分
为三组，各组间以双弦纹相隔，肩部
绘一周双层如意云头纹，腹部主题纹
饰为四组法轮纹，间饰长脚云纹，胫
部绘一周栅栏式变形莲瓣纹。通体施
釉，釉汁肥厚，釉色白中泛灰，有缩
釉痕，盖内、底足露胎，露胎处见火
石红。青花发色灰蓝，积青处发黑。

参考文献

杨后礼《江西明代纪年墓出土的青花瓷器》，
《江西历史文物》1983 年第 3 期。

17. 青花花卉纹碗

1972 年江西省永修县柘林乡易家村成化三年
（1467 年）明刑部尚书魏源夫人卢氏墓出土
现藏江西省博物馆
口径 14.4、足径 5.2、高 7.4 厘米

出土 1 对，造型、胎质、釉色、纹饰、
青花发色均相同。口微侈，弧腹，圈足。
口沿内外两周弦纹间均饰几何纹，内底
弦纹内绘兰草纹，外壁绘折枝花卉纹和
杂宝纹，构图疏朗，用笔简练。胎质疏松。
釉色白中泛黄，釉面开细纹片，圈足上
密布缩釉点，足脊露胎。青花发色深灰，
积青处发黑。

魏源，江西建昌人（今永修县），永乐
四年（1406 年）进士，官至刑部尚书，
正统八年（1443 年）卒，墓中随葬龙泉
窑青釉烛台 1 件，未见青花瓷。卢氏作
为一位诰命夫人，墓中仅随葬 2 件品质
粗劣的青花瓷，耐人寻味。

参考文献
江西省博物馆《江西玉山、临川和永修县明墓》，
《考古》1973 年第 5 期；《明史》卷一六〇《魏
源传》，中华书局，1974 年。

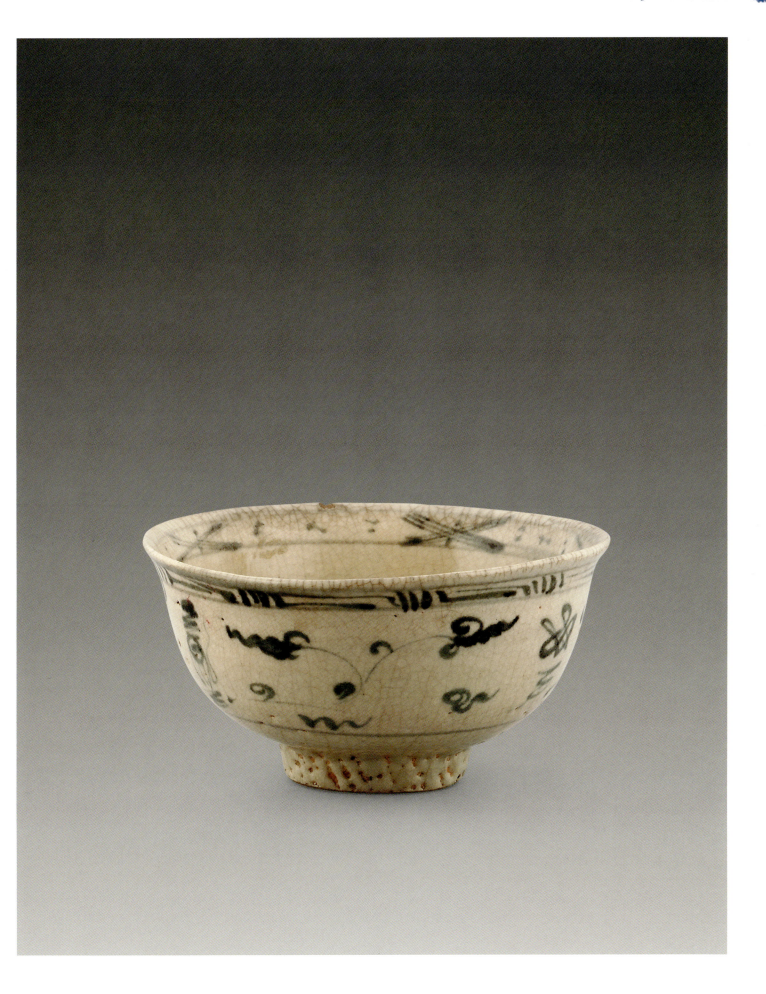

18. 青花梵文筒式三足炉

1971 年江西省抚州市临川区成化十六年
（1480 年）墓出土
现藏江西省博物馆
口径 8.6、高 5.4 厘米

直口微敛，筒形腹微鼓，三蹄形足，
造型小巧，制作工整。腹部饰五个梵
文，上下界以双弦纹，构图疏朗。胎
色洁白，胎质细腻。釉面匀净，釉色
白中泛青，器口、器内无釉，外底心
露胎。青花发色纯蓝。由于成化皇帝
崇信喇嘛教，故青花瓷流行藏文、梵
文装饰题材，以梵文居多。

参考文献

古湘、陈柏泉《介绍几件元、明青花瓷器》，
《文物》1973 年第 12 期。

19. 成化款青花灵芝纹奁式炉

1974 年江西省樟树市金盆沈村成化二十年
（1484 年）墓出土
现藏江西省樟树市博物馆
口径 13.4、高 10 厘米

宽平沿内折，筒形腹，三矮蹄形足。
口部、下腹部绘写意丛草，腹部绘三
组缠枝灵芝纹，足上部饰卷草纹，外
底露胎处有一周"成化廿年七月吉日
江恒壁因过景德镇买回"墨书楷书款。
胎质粗松，胎体厚重。釉色白中泛青，
开细纹片，外底心露胎，泛火石红。
青花发色深蓝。

参考文献

黄颐寿《明成化青花串枝花瓷炉》，《文物》
1984 年第 3 期。

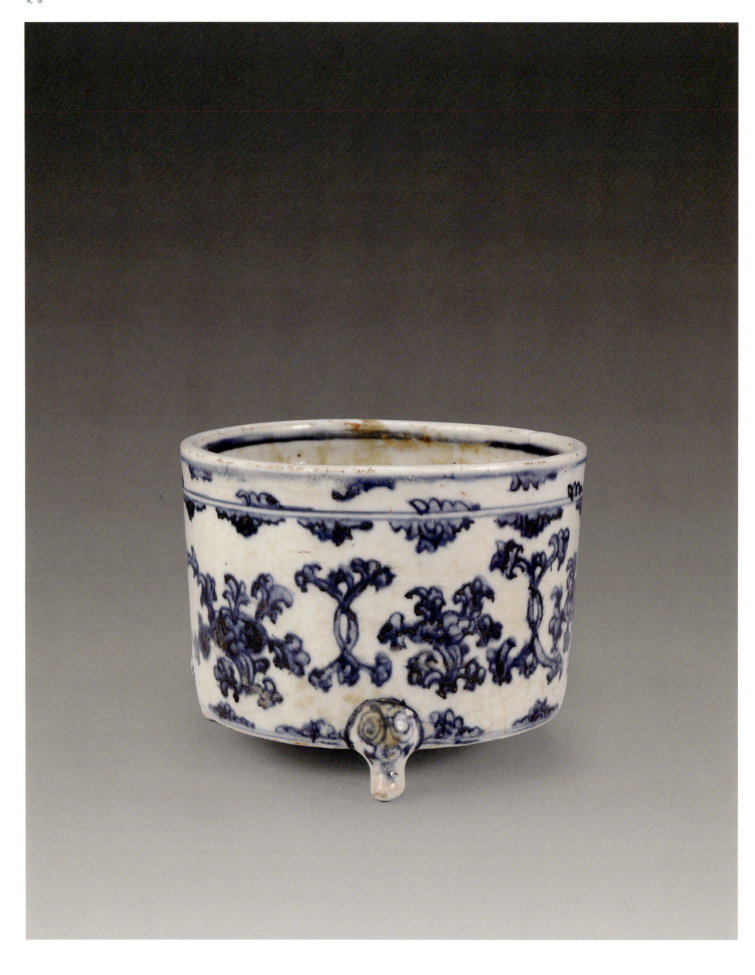

景德镇市郊出土青花花卉纹净水碗

20. 青花鸳鸯莲池纹带座净水碗

1973 年江西省景德镇市罗家坳殖场弘治四年
（1491 年）墓出土
现藏江西省景德镇陶瓷馆
碗口径 13.6、足径 5.5、高 7.6 厘米，通高
13.7 厘米

由碗和托座两部分组成。碗敛口，深弧腹，
圈足。托座直口，圆腹，矮圈足，腹部
有三个心形镂孔。碗内壁绘四束分别由
三个螺旋纹组成的团状折枝花卉，内底
双弦纹内纹饰分为内外两区，内区绘水
波螺纹，外区饰一周双层如意云头纹；
外口沿绘写意水草纹，外壁绘鸳鸯莲池
纹。托座外壁饰三束折枝花卉。釉色白
中泛青，碗足脊露胎，托座施釉不及底。
青花发色深蓝，积青处呈蓝黑色。1986
年景德镇市郊出土青花花卉纹净水碗及
景德镇落马桥窑址出土青花莲荷纹碗，
造型、胎质、釉色、青花发色、装饰风
格与此碗相近。

据伴出墓志可知，墓主葬于弘治四年。此
墓出土青花瓷 2 件。

景德镇落马桥窑址出土青花莲荷纹碗

参考文献

中国陶瓷编辑委员会编《中国陶瓷·景德镇民间
青花瓷器》，图 65，上海人民美术出版社，1994 年。

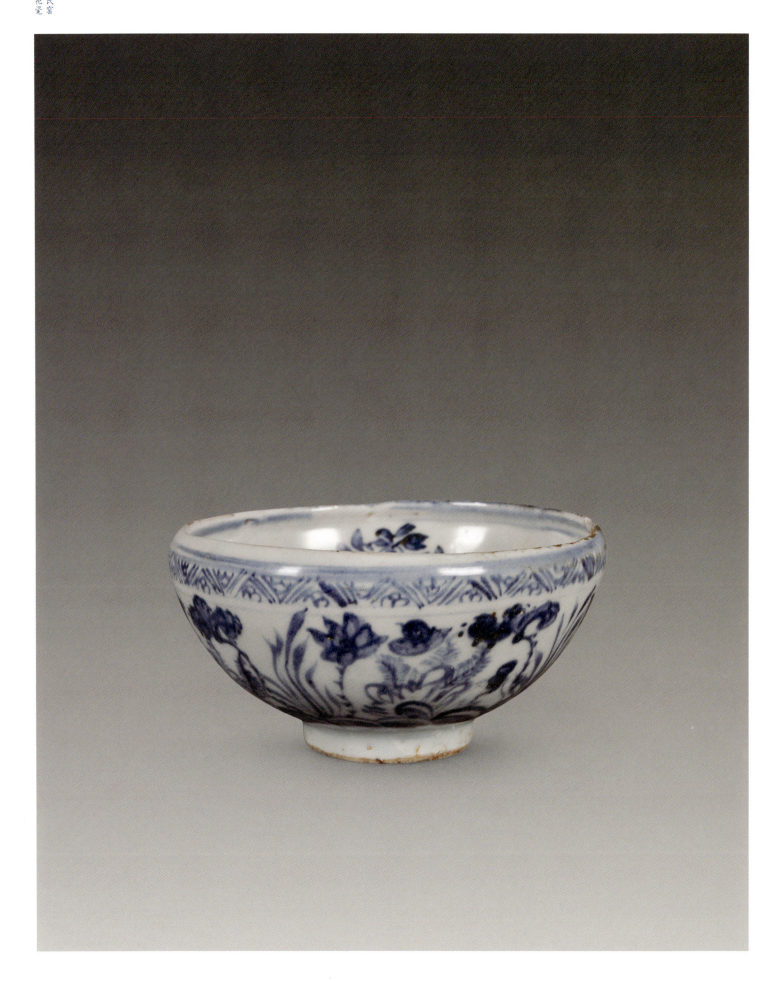

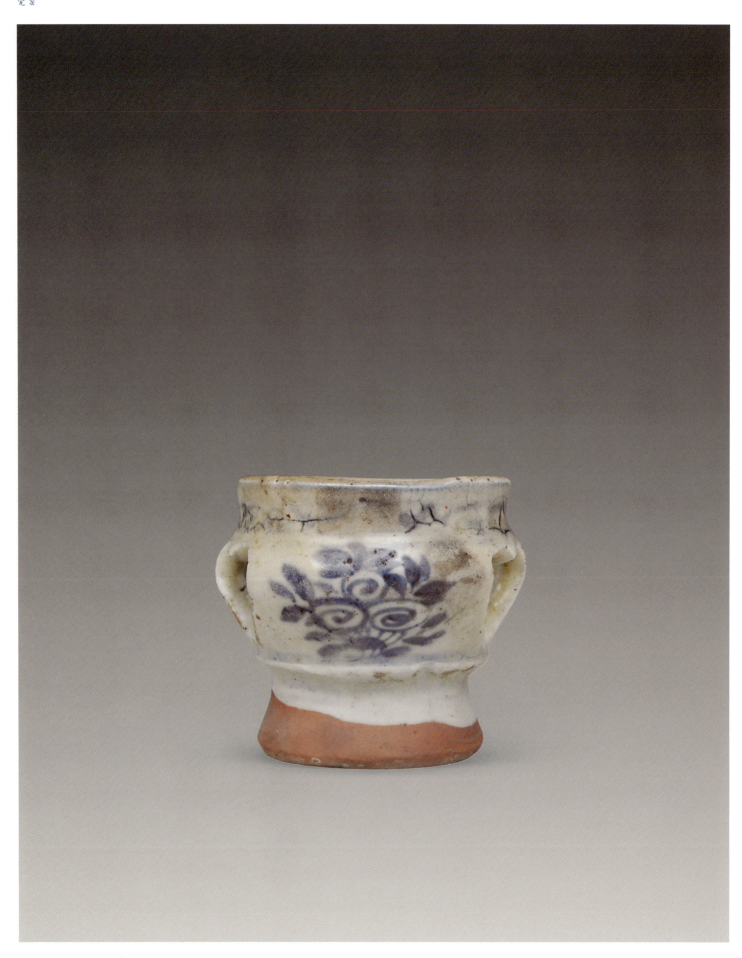

21. 青花锦纹连座鼎式炉

1973年江西省景德镇市罗家垦殖场弘治四
年（1491年）墓出土
现藏江西省景德镇陶瓷馆
口径4.2、腹径5.2、高7.3厘米

盘口，束颈，圆鼓腹，三足立于覆钵
状炉座上，双耳残损。器口中部除留
有一供插香的小孔外，余皆封闭，造
型奇特。口部、颈部及器座上饰数周
弦纹，腹部饰对称锦纹和云纹各两组，
器座饰圆点纹。胎色洁白，胎质细腻。
釉色白中泛青，有缩釉痕，底足露胎。
青花发色蓝艳，积青处呈蓝黑色。江
西省博物馆藏青花锦纹象耳炉，胎
质、釉色、青花发色和构图方式与此
炉相近。

参考文献

中国陶瓷编辑委员会编《中国陶瓷·景德镇
民间青花瓷器》，图66，上海人民美术出版社，
1994年。

江西省博物馆藏青花锦纹象耳炉

22. 青花花鸟纹梅瓶

1987 年江西省乐安县公溪镇马迹湾村弘治
十五年（1502 年）武扬绩夫妇合葬墓出土
现藏江西省乐安县博物馆
口径 2.3、底径 3.8、高 10.6 厘米

出土 1 对，造型、纹饰基本相同。直
口，圆唇，矮颈，丰肩，最大腹径在
肩部，假圈足。肩部饰一周双层如意
云头纹，腹部饰写意折枝花鸟纹，胫
部绘一周栅栏式变形莲瓣纹，各组纹
饰间界以双弦纹。胎体厚重。通体施
釉，釉色白中泛青，底足露胎。青花
发色灰蓝、淡雅。

据伴出墓志可知，墓主为武扬绩夫妇，
葬于弘治十五年。此墓共出土青花瓷
5 件，即花鸟纹梅瓶 3 件及人物纹筒
式三足炉、缠枝花卉纹三足炉各 1 件。

参考文献

梁惠民《江西乐安明弘治纪年墓》，《南方文物》
2003 年第 1 期。

武扬绩夫妇合葬墓出土青花瓷

23. 青花花鸟纹梅瓶

1987 年江西省乐安县公溪镇马迹湾村弘治
十五年（1502 年）武扬绩夫妇合葬墓出土
现藏江西省乐安县博物馆
口径 2.3、底径 3.8、高 10.6 厘米

直口，圆唇，矮颈，丰肩，最大腹径在肩部，
假圈足。肩部饰一周双层如意云头纹，
腹部饰写意折枝花鸟纹，胫部绘一周卷
云纹，各组纹饰间界以双弦纹。胎体厚
重。通体施釉，釉色白中泛青，底足露胎。
青花发色灰蓝。

参考文献
梁惠民《江西乐安明弘治纪年墓》，《南方文物》
2003 年第 1 期。

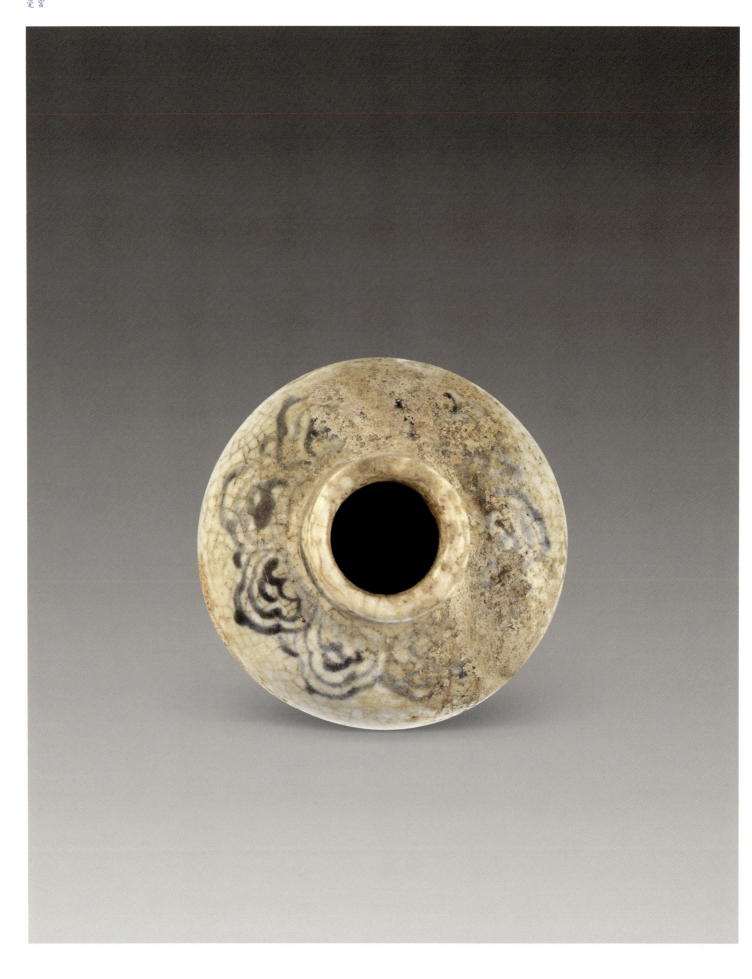

江西省新余市明墓出土青花人物纹碗

24. 青花人物纹筒式三足炉

1987年江西省乐安县公溪镇马迹湾村弘治
十五年（1502年）武扬绩夫妇合葬墓出土
现藏江西省乐安县博物馆
口径8.4、高5.6厘米

直口微敛，筒形腹微鼓，平底微凹，三蹄
形足。腹部绘高士携琴访友图，衬以括弧
云纹，人物造型洒脱，构图疏朗。胎质细腻，
胎体厚重。釉汁肥厚，釉色白中泛青，口沿、
器内、外底心露胎。青花发色灰蓝。江西
省新余市明墓出土青花人物纹碗，胎质、
釉色、青花发色、人物纹画法与此炉相
近；景德镇陶瓷馆藏青花人物纹筒式炉、
江西省博物馆藏青花人物纹奁式炉，绘
画风格与此炉相近。

参考文献
梁惠民《江西乐安明弘治纪年墓》，《南方文物》
2003年第1期。

景德镇陶瓷馆藏青花人物纹筒式炉

江西省博物馆藏青花人物纹奁式炉

江西省博物馆藏青花人物纹盖罐

25. 青花人物纹盖罐

1981 年江西省南昌市郊弘治十七年
（1504 年）戴贤夫妇合葬墓出土
现藏江西省博物馆
口径 6.8、底径 7.5、通高 16 厘米

出土 1 对，造型、纹饰、胎质、釉色、
青花发色相同。笠帽形盖，宝珠纽。
器身直口，丰肩，鼓腹，假圈足。盖
面、肩部各绘一周蕉叶纹，勾线而成，
盖面叶片留白，肩部中茎留白，腹部
绘两组携琴访友图，四周点缀弹簧状
流云纹和山石花草，人物形象潇洒，
意态闲适，胫部绘一周栅栏式变形莲
瓣纹，各组纹饰间界以双弦纹。胎质
粗松，胎体厚重。釉汁肥厚，釉色白
中泛灰青，盖内、器内及外底露胎。
青花发色灰蓝。江西省博物馆藏青花
人物纹盖罐及南昌县明墓出土青花人
物纹盖罐，胎质、釉色、青花发色和
人物纹画法与此罐相近。

南昌县明墓出土青花人物纹盖罐

参考文献

李科友、彭适凡《明昭勇将军戴贤夫妇合葬
墓》，《江西历史文物》1982 年第 1 期。

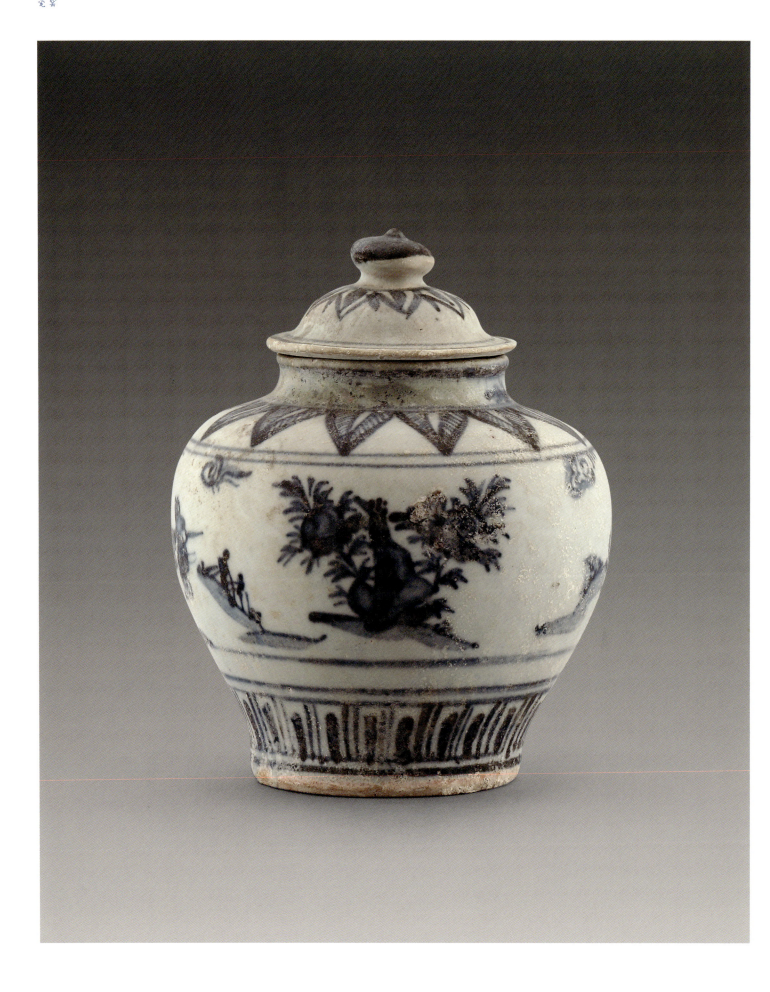

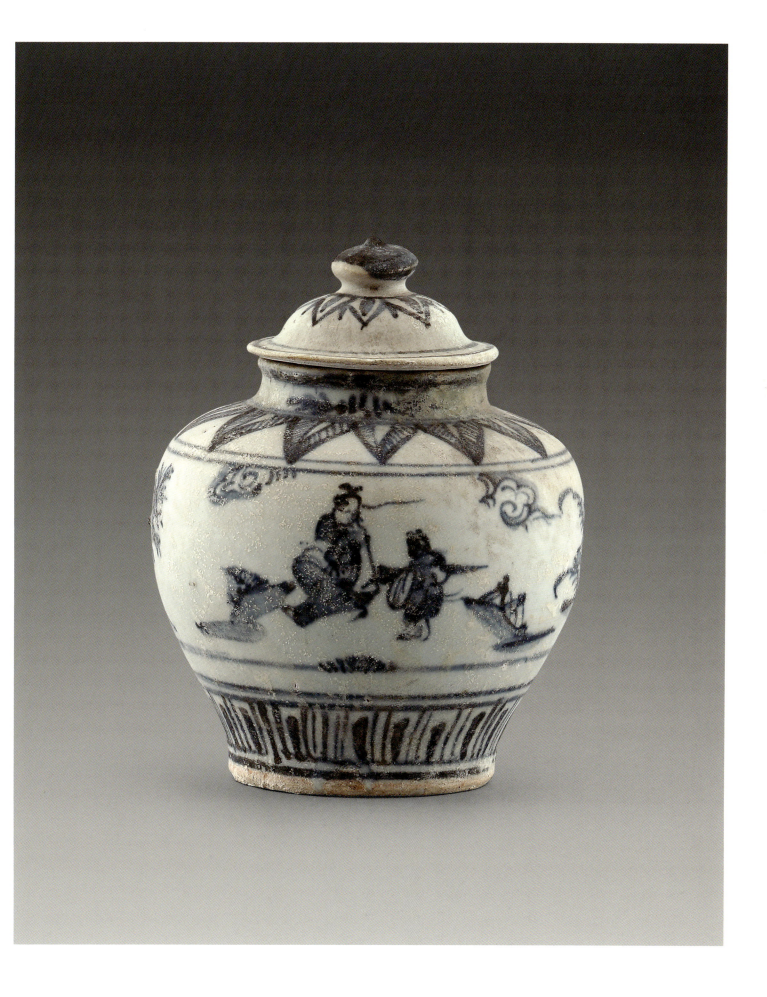

江西省博物馆 编　彭明瀚 著

明代景德镇民窑纪年青花瓷

The Ming Dynasty
Jingdezhen Kilns
Dating Blue and White Porcelain

下册

文物出版社

26. 青花莲纹盖罐

1985 年江西省上饶县嘉靖二十七年
（1548 年）杨氏墓出土
现藏江西省上饶县博物馆
口径 5.2、底径 6.3、通高 14.3 厘米

出土 1 对。笠帽形盖，宝珠纽。器身直口，圆唇，矮颈，丰肩，圆腹下收，假圈足。盖沿饰两周弦纹，盖面饰一周变形卷云纹。器身颈部饰一周卷云纹，肩部绘六组几何纹，腹部绘束莲纹和团状折枝莲纹各两组，间以长脚云纹，胫部饰一周变形莲瓣纹，各组纹饰间界以双弦纹，外底心有青花"福"字款。胎质疏松，胎体厚重。通体施釉，釉色白中泛青灰，盖内及足脊露胎，有粘沙。青花发色灰蓝。

此墓共出土青花盖罐 5 件，分 3 式。据伴出墓志可知，墓主杨氏为明礼部尚书费宷的小妾，卒于正德九年（1514 年），次年下葬，嘉靖二十七年迁葬。其中，2 件青花莲纹盖罐，无论是造型、胎质、釉色，还是装饰风格，均与正德年间纪年墓所出盖罐相近，因此系第一次下葬时随葬的可能性较大。另外 3 件青花缠枝莲纹盖罐，青花发色靛蓝，胎质、釉色、装饰风格与此罐明显不同，与嘉靖年间纪年墓所出盖罐相近，故系嘉靖年间迁葬时放入的可能性更大。

参考文献

卢国复《江西上饶县明嘉靖纪年墓》，《江西文物》1991 年第 3 期。

杨氏墓出土青花盖罐

27. 青花缠枝莲纹罐

1973 年江西省景德镇市新平公社正德
十二年（1517 年）墓出土
现藏江西省景德镇陶瓷馆
口径 5.1、底径 5.5、高 9.9 厘米

直口，矮颈，丰肩，圆腹下收，假圈
足。肩部饰一周连弧图案，此为弘治、
正德年间的常见形式，腹部绘缠枝莲
纹，为一笔点划，莲花头作螺旋式火
珠状，并在中间染有淡青料，胫部绘
一周变形莲瓣纹，内绘吊脚云纹。胎
体粗厚，制作粗糙。釉色白中泛青，
施釉不及底，底足露胎。青花发色靛
蓝，明快、艳丽，系回青料所绘。

参考文献

中国陶瓷编辑委员会编《中国陶瓷·景德镇
民间青花瓷器》，图 85，上海人民美术出版社，
1994 年。

28. 青花莲纹大口盖罐

1987 年江西省上饶县黄市乡正德十三年
（1518 年）戴静庵处士墓出土
现藏江西省上饶县博物馆
口径 9.7、足径 8.3、通高 14.7 厘米

饼形盖，盖面微凸。器身敞口，长颈，
丰肩，矮圈足。盖面及腹部绘写意折
枝莲纹，枝蔓卷曲，莲花开放。内外
施釉，釉色白中泛青，釉层较薄，有
缩釉痕，足脊露胎。青花发色蓝艳，
积青处呈深蓝色。

参考文献
卢国复《江西上饶县明嘉靖纪年墓》，《江
西文物》1991 年第 3 期。

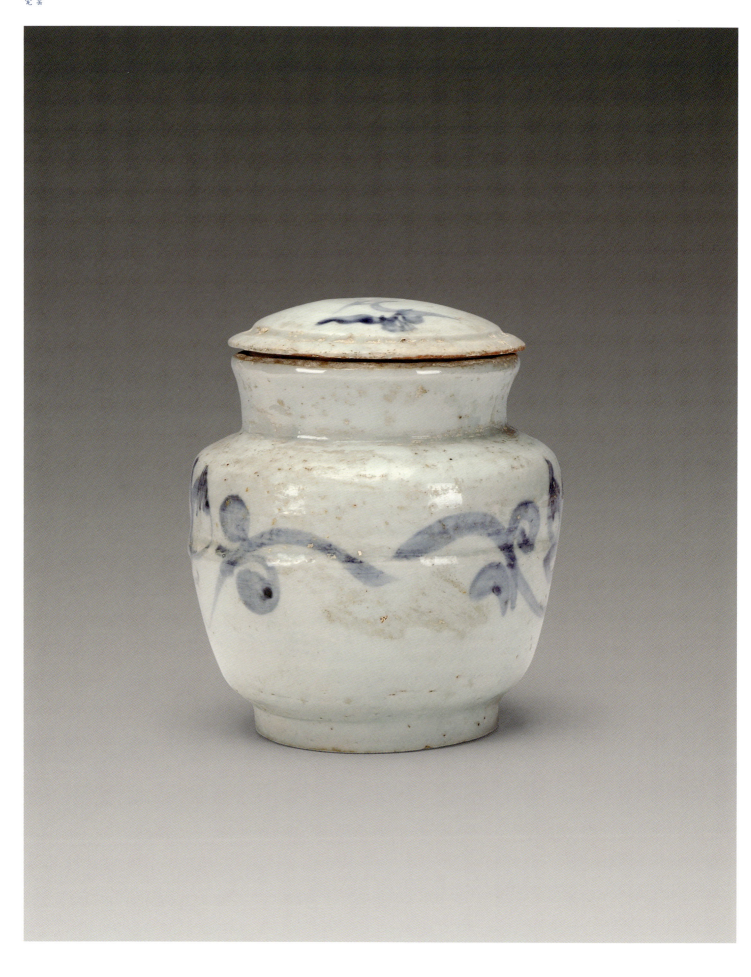

29. 青花缠枝莲纹盖罐

1974 年江西省鄱阳县磨刀石公社正德十五年
（1520 年）墓出土
现藏江西省博物馆
口径 8、底径 9、通高 20.5 厘米

笠帽形盖，宝珠纽。器身直口，圆唇，矮颈，
丰肩，圆腹下收，假圈足。盖沿饰双弦纹，
盖面饰一周云头纹。器身颈部饰一周回
纹，肩部绘四组双线三级如意云头纹，
云头内填一朵白莲，云头间衬以花朵，
腹部绘缠枝莲纹，六朵莲花头作螺旋式
火珠状，并在中间染有淡青料，胫部绘
一周莲瓣纹，各组纹饰间界以双弦纹。
胎色洁白，胎质细腻。通体施釉，釉汁
肥厚，釉色白中泛青，盖内及底足露胎。
青花发色灰蓝。此器造型工整，画面构
图严谨，绘画精细，是明中期的典型青
花瓷器。江西省博物馆藏青花缠枝莲纹
梅瓶、景德镇陶瓷馆藏青花缠枝莲纹碗、
南昌县博物馆藏青花双狮纹盘、樟树市
明墓出土青花缠枝莲纹盖罐及瑞昌市明
墓出土青花缠枝莲纹盖罐，胎质、釉色、
青花发色和缠枝莲纹画法与此罐相近。

参考文献

杨后礼《江西明代纪年墓出土的青花瓷器》，《江
西历史文物》1983 年第 3 期。

江西省博物馆藏青花缠枝莲纹梅瓶

景德镇陶瓷馆藏青花缠枝莲纹碗　　　　　　　　南昌县博物馆藏青花双狮纹盘

樟树市明墓出土青花缠枝莲纹盖罐　　　　　　　瑞昌市明墓出土青花缠枝莲纹盖罐

30. 青花折枝莲纹盖罐

1966 年江西省景德镇市官庄嘉靖元年
（1522 年）墓出土
现藏江西省景德镇陶瓷馆
口径 6.1、底径 7、通高 10.3 厘米

笠帽形盖，宝珠纽。器身直口微敛，圆
唇，矮颈，丰肩，圆腹下收，假圈足。
盖面饰两组双弦纹。器身肩部饰一周蕉
叶纹，叶茎留白，腹部绘两枝折枝莲纹，
勾线填色，叶片卷曲，叶尖一笔点划，
胫部绘一周栅栏式变形莲瓣纹，各组纹
饰间界以双弦纹。浆胎，胎色洁白，胎
质轻而薄。通体施釉，釉色白中泛青，
釉层较薄，有缩釉痕，盖内及底足露胎。
青花发色灰蓝，积青处呈蓝黑色。

此墓共出土青花瓷 3 件，即折枝莲纹盖
罐、折枝莲纹罐、水藻纹净水碗各 1 件。
南昌县明墓出土青花折枝莲纹罐及景德
镇陶瓷馆藏青花折枝莲纹盖罐、青花缠
枝莲纹带盖鼎式炉，胎质、釉色、青花
发色和构图方法与此罐相近。

参考文献

中国陶瓷编辑委员会编《中国陶瓷·景德镇民间
青花瓷器》，图 97，上海人民美术出版社，1994 年。

景德镇官庄嘉靖元年墓出土青花折枝莲纹罐

南昌县明墓出土青花折枝莲纹罐　　　　　　景德镇陶瓷馆藏青花折枝莲纹盖罐

景德镇陶瓷馆藏青花折枝莲纹盖罐

景德镇陶瓷馆藏青花缠枝莲纹带盖鼎式炉

31. 青花水藻纹净水碗

1966 年江西省景德镇市官庄嘉靖元年
（1522 年）墓出土
现藏江西省景德镇陶瓷馆
口径 14、足径 4.5、高 6.6 厘米

口微敛，斜腹，矮圈足。碗内外绘装
饰性简笔水藻纹。胎体厚重。釉色白
中泛青，釉面莹润，外底露胎。青花
发色靛蓝，有晕散。1955 年景德镇
市郊出土青花飞龙纹连座净水碗、景
德镇陶瓷馆藏青花龙纹净水碗，造型、
胎质、釉色、青花发色、装饰风格与
此碗相近。同时，青花飞龙纹连座净
水碗座云头纹的画法与前述景德镇官
庄嘉靖元年墓出土青花折枝莲纹罐肩
部云头纹相同（见前文彩版 30），
时代应相近。

参考文献

中国陶瓷编辑委员会编《中国陶瓷·景德镇
民间青花瓷器》，图98，上海人民美术出版社，
1994 年。

景德镇市郊出土青花飞龙纹连座净水碗

景德镇陶瓷馆藏青花龙纹净水碗

明代
景德鎮民窯
紀年青花瓷

明代
景德鎮民窯
紀年青花瓷

32. 青花人物纹梅瓶

1980 年江西省大余县南安镇新民大队
嘉靖六年（1527 年）彭廷钦墓出土
现藏江西省赣州市博物馆
口径 5.6、底径 9.9、高 26.4 厘米

出土 1 对，造型、纹饰、胎质、釉色、
青花发色相同。侈口，短颈微束，丰
肩，束腰，下腹急收，胫部外撇，平
底微内凹。纹饰构图繁密，线条流畅。
各组纹饰间以双弦纹相隔，颈部绘四
组折枝冬青纹，肩部绘缠枝莲纹和如
意云头纹，腹部绘松竹梅、山水及人
物，胫部绘一周莲瓣纹。胎色洁白，
胎质细腻，胎体厚重。通体施釉，釉
色白中泛青，器身多处有窑粘，底足
露胎。青花发色靛蓝，有晕散。

参考文献
李海根、夏金瑞《大余县出土明代青花瓷瓶》，
《江西历史文物》1981 年第 1 期。

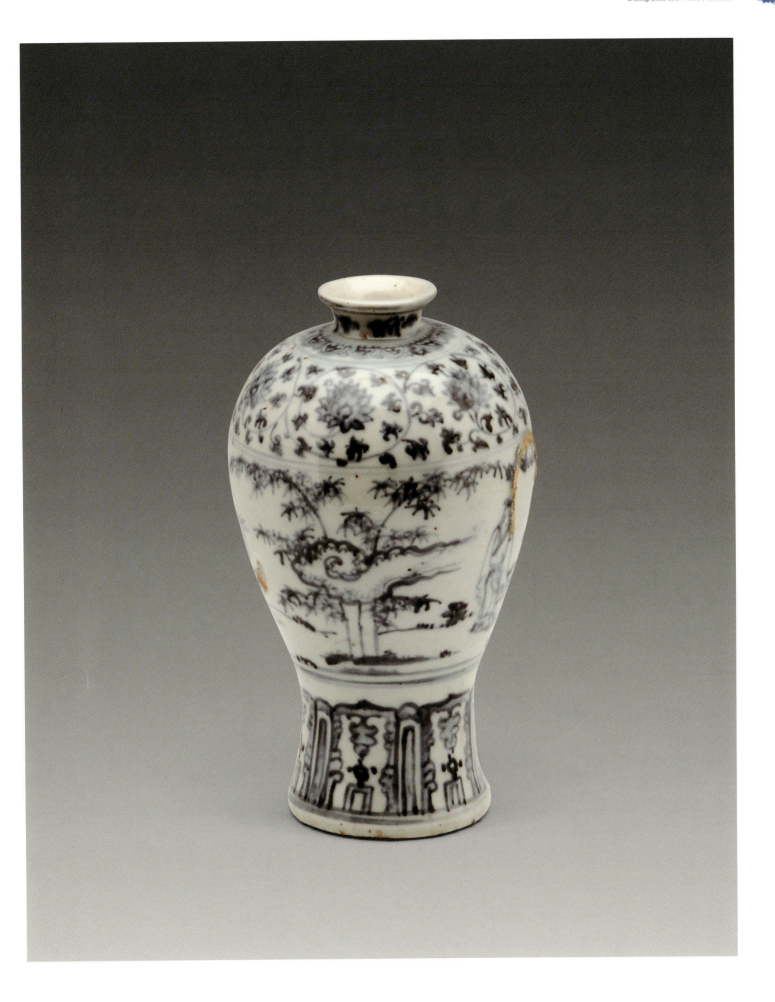

33. 青花缠枝莲纹盖罐

1985 年江西省上饶县嘉靖二十七年
（1548 年）杨氏墓出土
现藏江西省上饶县博物馆
口径 4.8、底径 6、通高 15.3 厘米

出土 1 对。笠帽形盖，宝珠纽。器身
直口，圆唇，矮颈，丰肩，圆腹下收，
假圈足。盖沿饰双弦纹，盖面饰一周
如意云头纹。器身颈部一件饰一周卷
云纹，另一件饰一周回纹，肩部一件
绘缠枝莲纹，另一件饰双层如意云
头纹，腹部绘缠枝莲纹，胫部绘一周
螺状莲瓣纹，各组纹饰间界以双弦纹，
外底心单线方框内楷书"大明年造"
四字双行款。胎色洁白。通体施釉，
釉色白中泛青，盖内及足脊露胎，有
粘沙。青花发色靛蓝。

参考文献

卢国复《江西上饶县明嘉靖纪年墓》，《江
西文物》1991 年第 3 期。

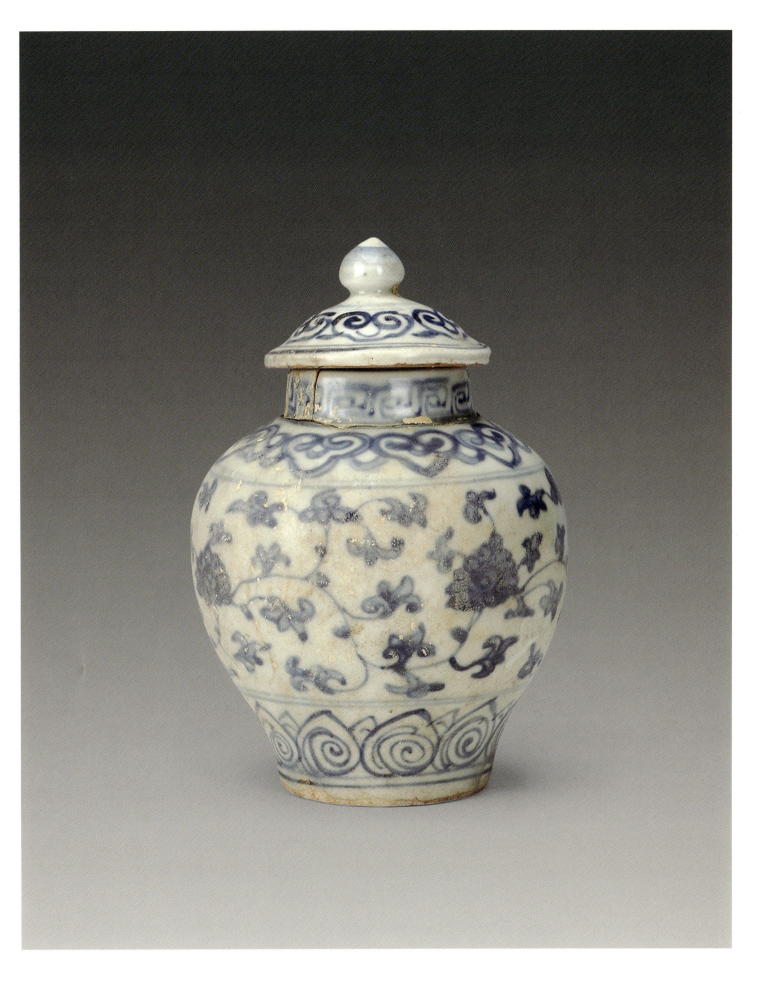

34. 青花缠枝莲纹盖罐

1985 年江西省上饶县嘉靖二十七年
（1548 年）杨氏墓出土
现藏江西省上饶县博物馆
口径 4.8、底径 6、通高 14.8 厘米

笠帽形盖，宝珠纽。器身直口，圆唇，
矮颈，丰肩，圆腹下收，假圈足。盖
沿饰双弦纹，盖面饰一周如意云头纹。
器身颈部饰一周卷云纹，肩部饰一周
双层如意云头纹，腹部绘缠枝莲纹，
花大叶小，花朵盛开，胫部绘一周变
形莲瓣纹，各组纹饰间界以双弦纹，
外底心单线方框内楷书"大明年造"
四字双行款。胎色洁白。通体施釉，
釉色白中泛青，盖内及足脊露胎，有
粘沙。青花发色靛蓝。江西省博物馆
藏青花鱼藻纹罐、青花缠枝莲纹葫芦
瓶，胎质、釉色、青花发色与此罐相近。

参考文献

卢国复《江西上饶县明嘉靖纪年墓》，《江
西文物》1991 年第 3 期。

江西省博物馆藏青花鱼藻纹罐

江西省博物馆藏青花缠枝莲纹葫芦瓶

35. 青花松竹梅纹碟

1966 年江西省景德镇市新平公社嘉靖
四十二年（1563 年）陈龙墕墓出土
现藏江西省景德镇陶瓷馆
口径 11.5、足径 6.5、高 2.8 厘米

敞口，圆唇，矮圈足。内、外壁均饰
一周竹纹，内底绘松竹梅纹，外底心
单圈内楷书"福"字款。胎色洁白，
胎体厚重。通体施釉，釉层较薄，足
脊露胎，未经打磨，有粘沙。青花发
色灰蓝，积青处呈蓝黑色。

此墓还出土青花飞龙纹净水碗 1 件。
据伴出墓志可知，墓主为陈龙墕，卒
于嘉靖三十二年（1553 年），葬于
嘉靖四十二年。

参考文献

中国陶瓷编辑委员会编《中国陶瓷·景德镇
民间青花瓷器》，图 120，上海人民美术出
版社，1994 年。

陈龙墕墓出土青花飞龙纹净水碗

36. 青花强云坊圹志

1968 年江西省景德镇市郊嘉靖四十四年
（1565 年）墓出土
现藏江西省景德镇陶瓷馆
宽 20.8、高 24.7 厘米

长方形，倭角。圹志四周、志首与志
文间界以双弦纹，志首楷体横书"强
公圹记"四字，志文竖书。胎质粗松，
胎体厚重。正面施釉，釉层较薄，背
面露胎。青花发色灰蓝。根据志文可
知，墓主强公，讳文浩，号云坊，生
于明正德二年（1507 年），卒于嘉
靖四十四年七月，同年十二月下葬。

強公壙記

明強公雲坊先生壙記

公諱文浩行杰一號雲坊先生浮邑市

南右族裔也祖與二父享三母汪氏公

賦性淳書謹言慎行事無過奉鄉里以

善人稱之娶本鎮姚氏佐理家政有內

助之賢子田娶兼氏承祖娶汪氏挨公

生于正德丁外六月廿四日未時浸于

嘉靖乙丑七月廿四日未時卜以是歲

十二月廿二日癸于魚步都樵山口之

陽蓋公存日所卜壽藏也姑記諸壙石

以誌歲月云

嘉靖四十四年冬月之吉男田祖立石

37. 嘉靖款青花云龙瑞兽纹罐

1958 年江西省南城县洪门乡长塘村万历
十九年（1591 年）益庄王朱厚烨夫妇
合葬墓益庄王墓室出土
现藏江西省博物馆
口径 9.9、底径 11.3、高 17.6 厘米

出土 2 件，造型、纹饰相同，大小略
有差异。直口，圆唇，矮颈，溜肩，
鼓腹下收，假圈足。纹饰繁密，肩部
饰一周连续如意云头纹，腹上部绘两
条对称五爪同向赶龙，腹中部绘同向
天马、麒麟、豹、兕、狮、牛共 6 只
瑞兽，空白处衬以流云纹，腹下部绘
山石和折枝花草，胫部饰一周双线双
层仰莲瓣，外底心楷书"大明嘉靖年
制"六字双行款，两件罐底款字体略
有差异，并非出自一人之手。釉色白
润，器口、器身有数处缩釉痕。青花
发色蓝中泛紫，有晕散。

此墓出土景德镇窑仿龙泉青釉印花盘
1 件、青花瓷 16 件。青花瓷包括龙凤
鹤纹罐 4 件、云龙瑞兽纹罐 2 件、龙

纹罐 1 件、云龙纹盘 3 件、团龙纹碗
6 件。6 件罐中，3 件出土于前室陶瓮
之间，3 件出土于后室壁龛，罐口各
盖有万历款团龙纹碗 1 件。这是明代
纪年墓中出土青花瓷数量最多、质量
最好的一座，可以作为同时期青花瓷
断代的标准器群。据伴出墓志可知，
益庄王葬于嘉靖三十六年（1557 年），
妃王氏葬于嘉靖二十五年（1546 年），
次妃万氏葬于万历十八年（1590 年）
十二月，与益庄王合墓，因开墓后发
现益庄王和妃王氏的棺木朽坏，便予
以重修，至万历十九年正月初五，合
墓工作才最后完成。这座合葬墓因在
万历年间进行了重修，随葬器物有所
扰乱，给区分其各自的主人带来了困
难。这 16 件青花瓷，造型工整，胎质、
釉色和装饰风格相近。胎色洁白，胎
质细腻，胎体薄而匀称；通体施釉，
釉色白中透青，釉质晶莹，釉面光洁，
足脊无釉，打磨光滑；青花发色靛蓝
泛紫，色泽浓翠艳丽，多数器物有晕
散，个别器物有少量铁斑；纹饰繁复，
主题纹样不突出。这批器物或被认为

是嘉靖官窑产品，但其中多数器物有
晕散，龙纹罐口部有修补痕，龙纹盘
塌底，个别器物未经打磨，底足粘沙，
都或多或少存在造型或烧制上的瑕
疵，而 10 件嘉靖年款写法也各不相同，
故不可能是官窑产品，只能是民窑细
瓷中的上品。嘉靖时期，景德镇民窑
制瓷技术有很大进步，个别民窑还通
过各种手段获得回青，模仿御窑产品，
生产出质量、样式与御窑接近的器物。
景德镇陶瓷馆藏青花龙纹爵、青花人
物纹碗、青花人物纹六棱罐、青花松
竹梅纹碗，青花发色均与此罐相近。

参考文献

江西省文物管理委员会《江西南城明益庄王
墓出土文物》，《文物》1959 年第 1 期。

明益庄王墓出土景德镇窑仿龙泉青釉印花盘

景德镇陶瓷馆藏青花龙纹爵

景德镇陶瓷馆藏青花人物纹六棱罐

景德镇陶瓷馆藏青花人物纹碗

景德镇陶瓷馆藏青花松竹梅纹碗

明益庄王墓出土嘉靖款青花瓷

明益庄王墓出土青花瓷

38. 嘉靖款青花龙凤鹤纹罐

1958 年江西省南城县洪门乡长塘村万历
十九年（1591 年）益庄王朱厚烨夫妇
合葬墓出土
现藏江西省博物馆
口径 10.9、底径 10.5、高 21.6 厘米

出土 2 件，大小相等，造型、釉色、
青花发色、款识与前述益庄王墓出土
青花云龙瑞兽纹罐相近，唯口部微外
侈。其区别在装饰纹样，构图饱满，
纹饰繁密，肩部饰一周变形莲瓣纹，
内填花卉，腹部主题纹饰为四个连续
的三勾莲瓣形开光，开光内分别绘龙、
鹤、凤、凰，并衬以云纹，开光之外
的空白处绘折枝灵芝纹，胫部饰一周
双层双线仰莲瓣，外底心楷书"大明
嘉靖年制"六字双行款。2 件罐主体
纹饰龙、鹤、凤、凰的画法及其与周
边云纹间的相对关系略有不同，底款
字体也略有差异，并非出自一人之手。

参考文献
江西省文物管理委员会《江西南城明益庄王
墓出土文物》，《文物》1959 年第 1 期。

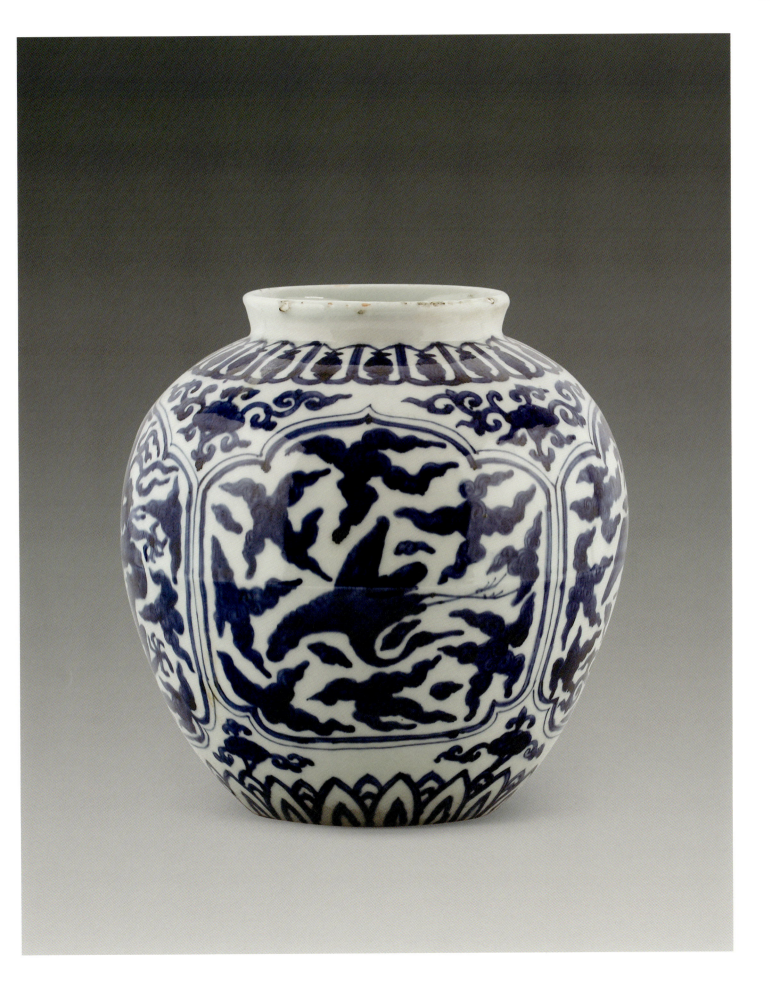

39. 嘉靖款青花龙凤鹤纹罐

1958 年江西省南城县洪门乡长塘村万历
十九年（1591 年）益庄王朱厚烨夫妇
合葬墓出土
现藏江西省博物馆
口径 11.4、底径 10.3、高 22 厘米

造型、釉色、青花发色、款识与前述
青花龙凤鹤纹罐相同。其区别在装饰
纹样，主题纹饰龙、鹤、凤、凰的画
法及其与周边云纹间的相对关系略有
不同，底款字体也略有差异，并非出
自一人之手。

参考文献

江西省文物管理委员会《江西南城明益庄王
墓出土文物》，《文物》1959 年第 1 期。

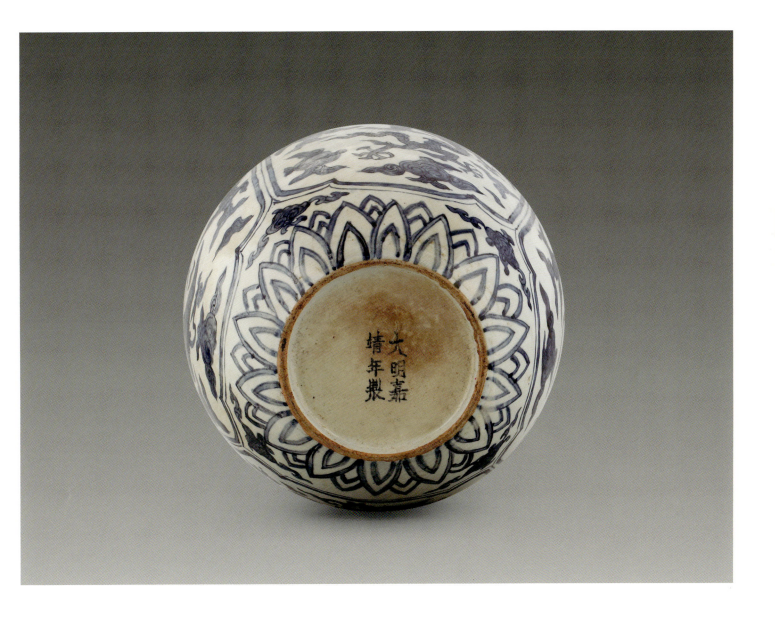

40. 嘉靖款青花龙凤鹤纹罐

1958 年江西省南城县洪门乡长塘村万历
十九年（1591 年）益庄王朱厚烨夫妇
合葬墓出土
现藏江西省博物馆
口径 10.6、底径 10.5、高 21.8 厘米

造型、釉色与前述益庄王墓出土青花
龙凤鹤纹罐相同，青花发色明显不同，
成色蓝艳，系土青料所绘。肩部饰一
周变形莲瓣纹，内填花卉，腹部主题
纹饰龙、鹤、凤、凰的画法及其与云
纹间的相对关系与前述罐略异，胫部
饰一周双层双线仰莲瓣，外底心楷书
"大明嘉靖年制"六字双行款，款识
与前述罐略有差异。

参考文献
江西省文物管理委员会《江西南城明益庄王
墓出土文物》，《文物》1959 年第 1 期。

41. 嘉靖款青花龙纹罐

1958 年江西省南城县洪门乡长塘村万历
十九年（1591 年）益庄王朱厚烨夫妇
合葬墓妃王氏墓室出土
现藏江西省博物馆
口径 9.7、底径 11、高 16.2 厘米

置于妃王氏棺盖上，内盛一束头发。
直口，矮颈，丰肩，鼓腹下收，假圈足。
颈部饰一周回纹，肩部饰双层如意云
头纹，腹部主题纹饰为穿花龙，两条
龙穿行于缠枝莲纹间，胫部绘一周变
形莲瓣纹，内填花卉，外底心双圈内
楷书"大明嘉靖年制"六字双行款。
胎质细腻。釉色洁白。青花发色蓝艳。
虽有嘉靖款，但青花发色与同墓所出
嘉靖款器物明显不同，与同墓所出万
历款团龙纹碗更接近，系土青料所绘，
表明在嘉靖时期，景德镇制瓷行业一
直在探索国产青花料加工提纯技术，
以便达到更理想的青花发色效果，从
而解决进口回青料短缺的问题。

参考文献

江西省文物管理委员会《江西南城明益庄王
墓出土文物》，《文物》1959 年第 1 期。

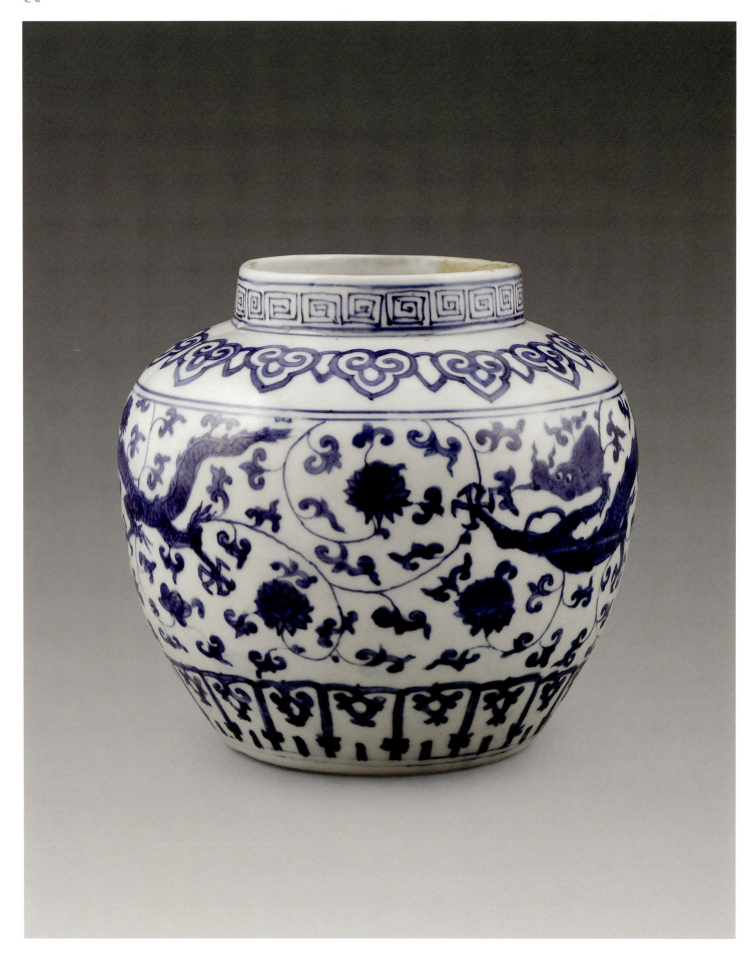

42. 嘉靖款青花云龙纹盘

1958 年江西省南城县洪门乡长塘村万历十九年
（1591 年）益庄王朱厚烨夫妇合葬墓益庄王
墓室出土
现藏江西省博物馆
口径 30.8、足径 18.5、高 6.5 厘米

敞口，弧腹，矮圈足，盘体微变形，底
微下塌。内口沿弦纹间绘一周缠枝菊纹，
内底双弦纹内绘正面五爪龙纹，并衬以
流云纹，龙为凸目、张口、竖角，毛发横披，
脊翅竖起，车轮状爪，足关节处拖三根
飘带状须毛，龙下方绘山石、海水江崖；
外壁双弦纹下绘两条赶珠龙，并衬以云
纹，足墙饰菱形锦地纹；外底心双圈内
楷书"大明嘉靖年制"六字双行款。胎
质细腻。釉色洁白，足脊未经打磨，有
粘沙。青花发色蓝中泛紫。正面龙纹装
饰在明代青花瓷中较为少见。景德镇陶
瓷馆藏青花龙纹罐，胎质、釉色、青花
发色及龙纹、江崖的画法与此盘相近；
江西省博物馆藏青花荷塘龙纹盘，胎质、
釉色、青花发色与此盘相近。

此墓共出土青花盘 3 件，其中 2 件大盘
分别出土于益庄王墓室、妃王氏墓室，
均用作寿盘，小盘置于前室陶瓷内。

参考文献
江西省文物管理委员会《江西南城明益庄王墓出
土文物》，《文物》1959 年第 1 期。

景德镇陶瓷馆藏青花龙纹罐

江西省博物馆藏青花荷塘龙纹盘

287

43. 嘉靖款青花云龙纹盘

1958 年江西省南城县洪门乡长塘村万历十九年
（1591 年）益庄王朱厚烨夫妇合葬墓妃王氏
墓室出土
现藏江西省博物馆
口径 30.3、足径 17.6、高 6 厘米

造型、纹饰、青花发色、款识与前述青
花云龙纹盘相近。内口沿弦纹间绘一周
缠枝菊纹，内底双弦纹内绘正面五爪龙
纹，并衬以云纹；外壁绘两条赶珠龙，
并衬以云纹，足墙饰菱形锦地纹；外底
心双圈内楷书"大明嘉靖年制"六字双
行款。此盘字体、龙纹及云纹画法与前
述青花龙纹盘略有差异。

参考文献

江西省文物管理委员会《江西南城明益庄王墓出
土文物》，《文物》1959 年第 1 期。

44. 隆庆款青花杵

1985 年江西省景德镇市郊出土
现藏江西省景德镇市陶瓷考古研究所
面径 8、底径 11、高 8.3 厘米

圆柱体，下部略粗，杵面下凹，底微
外凸。腹部有青花"隆庆二年"四字
楷书款。胎质粗松。釉色白中泛青褐，
施釉不及底，杵槽、杵底露胎。

参考文献

香港大学冯平山博物馆编《景德镇出土陶瓷》，
第 319 页，香港大学冯平山博物馆，1992 年。

45. 万历款青花云龙纹罐

1971 年江西省樟树市出土
现藏江西省樟树市博物馆
口径 28.5、底径 31、高 52.5 厘米

直口，方唇，矮颈，溜肩，鼓腹，下
腹内收，假圈足。全器满花，纹饰布
局得当，给人以繁而不乱、清爽秀丽
的美感。颈部饰双弦纹，肩部饰一周
缠枝纹，腹部绘两只赶龙，一龙前行，
回首仰望，另一龙紧随其后，并间以
草书"寿"字，龙身上下衬以"壬"
字形云纹，下腹近底处绘一周海水江
崖，外底心双圈内楷书"大明万历年
制"六字双行款。胎质细腻。器内外
施釉，釉色洁白，外底无釉，有粘沙，
唯底心施釉。青花发色靛蓝。南昌县
博物馆藏青花云凤纹梅瓶、樟树市明
墓出土青花凤纹奁式炉、九江市出土
青花凤穿花纹盖罐，胎质、釉色和云
纹画法与此罐相近；景德镇陶瓷馆藏
青花云龙纹碗，胎质、釉色、青花发
色和龙纹画法与此罐相近。

参考文献
杨后礼《明万历青花龙纹缸》，《江西历史
文物》1983 年第 1 期。

南昌县博物馆藏青花云凤纹梅瓶　　　　　　樟树市明墓出土青花凤纹奁式炉

九江市出土青花凤穿花纹盖罐

景德镇陶瓷馆藏青花云龙纹碗

46. 万历款青花云龙纹罐

1971 年江西省樟树市出土
现藏江西省博物馆
口径 27、底径 28、高 50.8 厘米

直口，方唇，矮颈，溜肩，鼓腹，下
腹内收，假圈足。全器满花。颈部饰
双弦纹，肩部饰一周缠枝纹，腹部绘
两只赶龙，一龙前行，回首仰望，另
一龙紧随其后，间以草书"寿"字，
龙身上下衬以"壬"字形云纹，下腹
近底处绘一周海水江崖，外底心双圈
内楷书"大明万历年制"六字双行款。
胎质细腻。器内外施釉，釉色洁白，
外底无釉，有粘沙，唯底心施釉，有
缩釉痕。青花发色靛蓝。

参考文献
杨后礼《明万历青花龙纹缸》，《江西历史
文物》1983 年第 1 期。

47. 青花开光松鹿纹盘

1988 年江西省广昌县盯江镇北门椒坑
万历元年（1573 年）墓出土
现藏江西省广昌县博物馆
足径 10.7 厘米

内壁开光内绘折枝石榴纹，内底双弦纹内绘松鹿纹，远处为松林，近处为双鹿相视，间以石榴、小草，鹿腿细长似鹭鸶，躯体饱满，手法为勾线填色，笔法自由奔放，挥洒自如。釉色白中泛青。青花发色淡雅。石榴多子，被视为"福"，鹿谐音"禄"，松被视为"寿"，三者结合寓意"福禄寿"，是民间喜闻乐见的题材，此类装饰风格在日本市场很受欢迎。

此盘虽然为残器，仍极为珍贵，因为它是目前所见能确定制作年代的最早的青花开光装饰瓷器，表明青花开光装饰出现时间不晚于万历元年，可以作为同类瓷器断代的标准器。南昌县博物馆藏青花松鹿纹盘、景德镇陶瓷馆藏青花松鹿纹碗，装饰风格与此盘相近，表明松鹿纹题材既见于外销产品，也见于内销产品，器类除盘以外，还有碗。天启年间沉没的"万历号"商船出水一批青花开光松鹿纹盘，造型、胎质、釉色、青花发色、装饰风

格与此盘相同，表明这一装饰题材延续时间较长。1600 年 12 月 14 日，西班牙商船"圣迭戈号"与荷兰商船"毛里求斯号"作战时起火沉没于菲律宾吕宋岛八打雁省幸运岛水域，1992 ～ 1993 年菲律宾国家博物馆与环球第一公司合作对沉船进行发掘，发现了 500 多件克拉克和非克拉克风格青花瓷，亦包括此类装饰风格的盘，内底图案相同，但内壁的开光形式不同，不是放射状，而是莲瓣状，开光内绘图案为石榴，与后来所见此类开光内绘向日葵和杂宝不同，属于松鹿纹题材的另一个类型，由此表明最迟在万历二十八年（1600 年），此类克拉克瓷已经出现了变种。

参考文献

姚澄清等《试谈广昌纪年墓出土的青花瓷器》，《江西文物》1990 年第 2 期；［菲］卜迪桑·奥里兰尼达《菲律宾沉船发现的明代青花瓷》，《江西元明青花瓷》，第 222 页，香港中文大学出版社，2002 年。

南昌县博物馆藏青花松鹿纹盘

景德镇陶瓷馆藏青花松鹿纹碗

"万历号"沉船出水青花开光松鹿纹盘

"圣迭戈号"沉船出水青花松鹿纹盘

48. 青花僧德尧墓志

1977 年江西省景德镇市郊万历四年
（1576 年）东山寺僧德尧墓出土
现藏江西省景德镇市文物商店
宽 21、高 25 厘米

仿石碑式，长方形，倭角。双线边框，两道横线将墓志分为上下两部分。上半部分绘对弈图，两官员专心对弈，中间一和尚手舞足蹈开怀大笑，屏风后探出一半身童子和神鹿。画中和尚应为墓主僧德尧，他的大笑与君子观棋不语的传统道德相违，深藏禅机。画中人物个性毕现，弈者专注，观者超然，小童顽皮，神鹿悠然，画工精细，线条流畅，折硬中显细劲，体现了明代后期文人绘画的新境界。下半部分为志文，楷书直书，共 9 行，记载墓主东山寺署邸僧德尧行状，有"万历四年"款。胎质粗松。釉色白中泛黄，釉层较薄，下半部分有剥蚀。青花发色蓝艳，分水分两个色阶，深者蓝艳，浅者淡雅。景德镇陶瓷馆藏青花八仙纹碗、人物纹罐、人物纹盘，青花发色、人物画法与此墓志相近。

参考文献

彭明瀚《江西纪年墓出土明代景德镇民窑青花瓷研究》，《故宫博物院院刊》2007 年第 1 期。

景德镇陶瓷馆藏青花八仙纹碗

景德镇陶瓷馆藏青花人物纹罐

景德镇陶瓷馆藏青花人物纹盘

墓誌

東山寺署邵僧德美保本蓋里仁□提□七□

十二第卅二倍吾文夫以行揆貲三□□□□

□□□蓋寫師□□洋霖□公□□□□□

令金□廣□三年誕卅真叉□□□□□

年出□□□□□一卅□□□□□□□

郡鵠人八倍名年十倍以行伯三□□□□

□汝□□□□□蓋霜隨□人□□□

萬曆四十一酉月吉旦明識

49.万历款青花团龙纹碗

1958 年江西省南城县洪门乡长塘村万历十九年（1591 年）明益庄王朱厚烨夫妇合葬墓出土
现藏江西省博物馆
口径 13.5、足径 5.6、高 4.3 厘米

出土 6 件，大小、造型、纹饰、胎质、釉色、青花发色均相同。花口，弧腹，矮圈足。内底双弦纹内绘一条五爪侧身团龙，并衬以云纹；外壁腹部对称排列四组团龙纹，间以宝相花，下腹近底处绘一周如意云头纹；外底心双圈内楷书"大明万历年制"六字双行款。胎薄质坚。釉色洁白，釉质莹润，足脊露胎，打磨光滑。青花发色蓝艳。

出土时分别反扣在 6 件嘉靖款青花罐上作器盖用，可以物证明明代在合葬时，会在前代已经埋葬的墓室中增加随葬器物。

参考文献

江西省文物管理委员会《江西南城明益庄王墓出土文物》，《文物》1959 年第 1 期。

明益庄王墓出土万历款青花团龙纹碗

50. 青花海涛纹带盖鼎式炉

1971 年江西省新干县荷浦公社港口大队
万历二十一年（1593 年）徐褚墓出土
现藏江西省博物馆
口径 8、通高 11.7 厘米

笠帽形盖，兽纽。器身盘口，束颈，
扁平朝天双耳外撇，圆鼓腹，三乳状
足。盖面饰六个古钱纹，其中三个镂
空，另三个彩绘，钱纹外衬以鳞状水
波纹。器身口沿饰一周方格纹，颈部
绘折枝花果纹，腹部绘两个鱼鳞状锦
地开光，内绘白云、青鹤，衬以小方
块和圆点组成的璎珞纹，耳部内饰乾
卦和花朵，外饰锦地、白描莲及梅纹。
胎质细腻，胎体厚重。通体施釉，口
沿、盖内和足尖无釉。青花发色靛蓝，
深处呈蓝黑色，绘画方法为典型的分
水画法。

此墓出土青花炉、长颈瓶各 1 件。

参考文献
唐昌朴《介绍江西出土的几件瓷器》，《文物》
1977 年第 4 期。

51. 青花婴戏纹长颈瓶

1971 年江西省新干县荷浦公社港口大队
万历二十一年（1593 年）徐褚墓出土
现藏江西省博物馆
口径 2.4、足径 4.5、高 14.5 厘米

盘口，长颈，溜肩，垂腹，下腹急收，
矮圈足。全器满花。纹饰分三组，各
组纹饰以双弦纹相隔，颈上部绘一周
蕉叶纹，颈下部绘两朵带状宝相花，
腹部绘缠枝牡丹纹，两个白描婴孩跳
跃穿行其间。纹饰中，小童用勾线白
描画法，轮廓线内不混水，缠枝纹青
花混水，二者之间对比鲜明，使得画
面活泼灵动。胎质细腻，胎体厚重。
通体施釉，釉汁匀净，足脊露胎。青
花发色靛蓝，有少量铁锈斑。江西省
博物馆藏青花人物纹罐，胎质、釉色、
青花发色、人物纹画法与此罐相近。

参考文献
唐昌朴《介绍江西出土的几件瓷器》，《文物》
1977 年第 4 期。

江西省博物馆藏青花人物纹罐

52. 青花吴邦振墓志

1973年江西省都昌县多宝公社万历
二十四年（1596年）吴邦振墓出土
现藏江西省博物馆
直径21.6、厚1厘米

圆形。志文以青料作盘香式书写，共
359字，有"万历二十四年"款。志
文记述墓主吴邦振（行昊十）的生平
及子嗣。胎质疏松，胎体厚重。正面
施釉，釉层较薄，有缩釉痕，背面露
胎。青花发色蓝中泛黑。

吴昊十，浮梁景德镇人，明隆庆、万
历年间景德镇制瓷名匠吴昊十九兄
辈。此墓志的出土为研究吴昊十九提
供了实物资料。

参考文献
陈柏泉《从明吴昊十墓志谈昊十九》，《文物》
1976年第11期。

墓誌

53. 青花开光花鸟纹盘

1979 年江西省南城县岳口公社游家港大队
万历三十一年（1603 年）益宣王朱翊钶
墓出土
现藏江西省博物馆
口径 31.3、足径 17.8、高 6.6 厘米

菱口外侈，斜弧壁，矮圈足。内外壁均作八莲瓣开光，瓣间以八立柱相隔。内壁开光内绘对称的菊花、芭蕉、浮萍和牡丹，立柱内上下绘鳞状水波纹，中以两带状弦纹相隔，内绘朵花；内底外区绘四组对称的海水和龟背锦地，加绘四组如意云头和变形莲瓣纹，内区绘由祥云、灵雀、水草、竹石组成的池塘小景；外壁开光内绘折枝花卉，柱内绘长尾如意云纹。胎质细腻，胎体轻薄。釉汁莹亮，口沿处有窑裂后重新上釉入窑复烧留下的痕迹，外底釉层较薄，可见修胎痕，布满棕眼，

足脊露胎，有粘沙。青花发色蓝艳，系土青料所绘，显示了较高的青料加工提纯技术。此盘画面构图繁复，绘工精良，系晚明青花细瓷中的上品，也是目前所见能确定制作年代下限的青花开光池塘小景装饰题材的最早实物，可以视为同类瓷器断代的标准器。景德镇陶瓷馆藏青花松竹梅纹罐，胎质、釉色、青花发色与此盘相近。

参考文献

江西省文物工作队《江西南城明益宣王朱翊钶夫妇合葬墓》，《文物》1982 年第 8 期。

景德镇陶瓷馆藏青花松竹梅纹罐

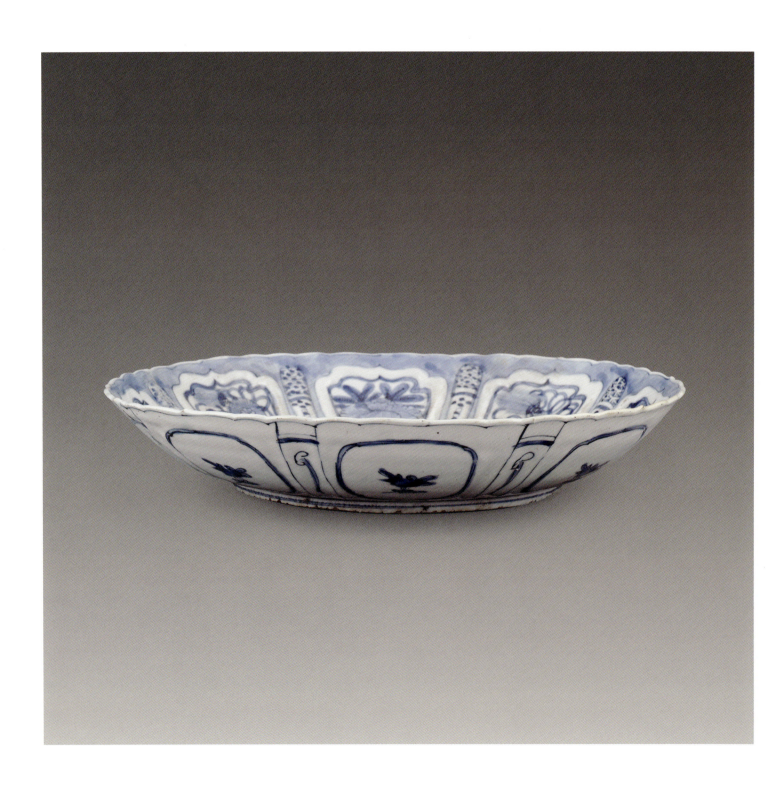

54. 青花开光松鹿纹盘

1982 年江西省广昌县城郊公社北门李仔坑
万历三十六年（1608 年）墓出土
现藏江西省广昌县博物馆
口径 20.8、足径 11、高 4 厘米

侈口，斜弧壁，矮圈足。内壁作八开
光式，间以立柱，立柱上下绘弦纹，
中间绘朵花，开光内绘折枝石榴，一
果、多果交替分布，内底绘松鹿，远
处为松林，近处为双鹿相视，衬以芝
草；外壁为六开光式，开光内绘朵花。
胎体粗厚，有一道窑裂从口沿直达盘
心。釉色白中泛青，釉层较薄，有缩
釉痕。青花发色深蓝。

此墓出土青花开光松鹿纹盘、开光博
古纹盘各 1 件，系生产建设中发现，
博物馆工作人员赶到时已被村民砸
碎，但可修复。此类装饰风格的瓷盘
最早见于广昌县万历元年（1573 年）
墓，细审二者，此盘埋藏时间虽然晚
了 36 年，装饰风格却没有明显变化。
1982 年广昌县城郊公社北门李仔坑
明墓出土一件类似的盘，伴出墓志被
村民砸碎，可见万历字样。江西省抚
州市博物馆藏青花开光松鹿纹盘，造
型、胎质、釉色、青花发色、装饰风
格与此盘相近。

参考文献

姚澄清等《试谈广昌纪年墓出土的青花瓷盘》，
《江西文物》1990 年第 2 期。

广昌县李仔坑明墓出土青花开光松鹿纹盘

抚州市博物馆藏青花开光松鹿纹盘

54. 青花开光博古纹盘

1982 年江西省广昌县城郊公社北门李仔坑
万历三十六年（1608 年）墓出土
现藏江西省广昌县博物馆
口径 37.4、足径 21、高 6 厘米

菱口，宽平沿外折，斜弧壁，矮圈足。这种盘式并非中国传统式样，是为国外市场生产的外销瓷。内壁作八莲瓣开光，瓣间以八立柱相隔，立柱上下交替绘鳞状水波纹、变形"卐"字纹，中间衬以结带，开光内交替绘向日葵和杂宝，向日葵作一高一矮两株式；内底为八连弧纹开光，外区交替绘鳞状水波纹、变形"卐"字纹各四组，内区为博古图案，由方形香几和三足炉组成，炉置于几上，炉内插有折枝石榴、牡丹、蕉叶和卷轴等，内外区

之间留白；外壁为八开光式，开光内绘朵花。胎细体薄，有一道窑裂从口沿直达盘心。釉面白润。青花发色蓝艳，积青处呈深蓝色。

类似的开光博古纹盘还有江西省博物馆藏青花开光博古纹盘、1988 年广昌县盱江镇椒坑村明墓出土青花开光博古纹盘和 1990 年广昌县博物馆征集青花开光博古纹盘等。明天启年间（1621～1627 年）在马来西亚海域沉没的葡萄牙商船"万历号"，出水

瓷器数千件，瓷片约 10 吨，绝大部分为景德镇窑青花瓷，包括一批此类装饰风格的盘。

参考文献

姚澄清等《试谈广昌纪年墓出土的青花瓷盘》，《江西文物》1990 年第 2 期；广东省博物馆编《牵星过洋——万历时代的海贸传奇》，第 309 页，岭南美术出版社，2015 年。

江西省博物馆藏青花开光博古纹盘

广昌县博物馆藏青花开光博古纹盘

广昌县盱江镇椒坑村明墓出土青花开光博古纹盘

"万历号"沉船出水青花开光博古纹盘

56. 青花双龙双鹿纹盘

1983 年江西省广昌县城郊公社北门李仔坑
万历三十六年（1608 年）墓出土
现藏江西省广昌县博物馆
口径 20、足径 13、高 3.9 厘米

敞口，浅腹，矮圈足。内壁绘两条赶
珠龙，作草叶龙式，内底绘松鹿，远
处为松林，近处为双鹿相视，双鹿间
界以小草、石榴；外壁为五团朵花。
胎质粗疏，盘心有窑裂。釉面白润，
足脊露胎，有粘沙。青花发色深蓝。

此墓共出土此类青花盘 2 件，造型、
胎质、釉色、青花发色相同，纹饰有
细微差别。1988 年广昌县盱江镇青
寿村出土青花松鹿纹盘、1990 年广
昌县盱江镇后塘村出土青花松鹿纹
盘，盘心绘松鹿，内壁没有开光，绘
缠枝纹，与此盘装饰风格类似，大小、
造型相同。这种内底主题纹饰为松鹿
纹、盘壁没有开光的装饰风格，在"圣
迭戈号"沉船中也有发现。河南省开
封市崇祯十五年（1642 年）因黄河
决堤废弃的明周王府遗址出土青花松
鹿纹碟，器壁饰一周草叶，没有开光，
内底绘松鹿纹，构图方式与此盘相似，
表明松鹿纹题材一直沿用至明末，只
是内销者不用开光装饰。

参考文献

姚澄清等《试谈广昌纪年墓出土的青花瓷盘》，
《江西文物》1990 年第 2 期；［菲］卜迪桑·奥
里兰尼达《菲律宾沉船发现的明代青花瓷》，
《江西元明青花瓷》，第 222 页，香港中文
大学出版社，2002 年；曹金萍、王三营《河
南开封明周王府遗址出土青花瓷器》，《文物》
2017 年第 4 期。

广昌县盱江镇青寿村出土青花松鹿纹盘

广昌县盱江镇后塘村出土青花松鹿纹盘

"圣迭戈号"沉船出水青花松鹿纹盘

57. 青花双龙双鹿纹盘

1983 年江西省广昌县城郊公社北门李仔坑
万历三十六年（1608 年）墓出土
现藏江西省广昌县博物馆
口径 20.3、足径 13、高 3.9 厘米

敞口，浅腹，矮圈足。内壁绘两只同
向赶珠龙，作草叶龙式，内底绘松鹿，
远处为松林，近处为双鹿相视，双鹿
间界以芝草；外壁为五团朵花。胎质
粗疏，盘心有窑裂。釉面白润，足脊
露胎，有粘沙。青花发色深蓝。

参考文献

姚澄清等《试谈广昌纪年墓出土的青花瓷盘》，
《江西文物》1990 年第 2 期；［菲］卜迪桑·奥
里兰尼达《菲律宾沉船发现的明代青花瓷》，
《江西元明青花瓷》，第 222 页，香港中文
大学文物馆，2002 年。

58. 青花开光松鹿纹盘

1984 年江西省广昌县城郊公社北门金钟岗
万历三十六年（1608 年）墓出土
现藏江西省广昌县博物馆
口径 20.4、足径 10.3、高 4 厘米

侈口，浅腹，矮圈足。内壁为六开光式，间以立柱，立柱内填弦纹和朵花，开光内绘折枝石榴，内底近景为双鹿相视，衬以丛草，远处为松林；外壁用四条竖线分出四个区间，未装饰纹样。胎质粗疏。釉色白中泛青，底足露胎。青花发色灰蓝。1987 年广昌县出土青花开光松鹿纹盘，大小、造型、装饰风格与此盘相同，内壁作六开光式，内底绘松鹿纹。

参考文献

姚澄清等《试谈广昌纪年墓出土的青花瓷盘》，《江西文物》1990 年第 2 期。

广昌县出土青花开光松鹿纹盘

59. 青花陈剑峰墓志

1985 年江西省浮梁县万历三十六年
（1608 年）陈剑峰墓出土
现藏江西省浮梁县博物馆
直径 23.5、厚 1 厘米

圆饼形。上部一道弦纹将墓志分为上
下两部分，上部横向楷书"正四公墓
志"，下部直书志文。胎质细腻。釉
色洁白，有缩釉痕，背面露胎。青花
发色深蓝。据墓志可知，墓主陈剑峰，
讳武，号剑峰，排行正四，生于嘉靖
丁酉年（嘉靖十六年，1537 年），
死于万历丁未年（万历三十五年，
1607 年）闰六月，次年十一月下葬。

正四公墓誌

（青華白磁 墓誌 — 본문 판독）

唐勒封

氏玄孫福謨名陳別號養浩泳行囚二墓祖母
祖彥文公與烈位安墓三□灘四九

曹氏生善□□於嘉靖丁酉年五月十日酉時諱名陳
武覩勤葬□行正四於隆慶年□母金氏生一男名陳
八妹一女□名□□慇金曰生孫女元弟女分娶黃氏
□□□□□□閏有初百子時而終　孝子夏二漏□
吾文齊烏□□□□□□□□□□□□
□□七□一魁里養生名龍船鴇東至田□□□
西至山□□□□□□□□界此至開　溝世福杉木爲
四至界明今作□□□戊申年申子月四月甲子時
大創未忍堀坤□虎□子孫慕□歐特立基誌
　　　　奏賣陳八娘　　出嫁女□□妹
孫女元弟　　妻金氏住真　娚金氏住真
　　義男陳約

60. 青花汪妹真墓志

1988 年江西省景德镇市郊万历三十九年
（1611 年）汪妹真墓出土
现藏江西省景德镇陶瓷馆
直径 21.5、厚 1 厘米

圆饼形。上部一道弦纹将墓志分为上
下两部分，上部横向楷书"明故戴母
乐邑汪氏妹真墓志"，下部画出竖向
格子，内书志文。胎质细腻。釉色洁
白，有缩釉痕。青花发色深蓝。此为
一方迁葬墓志，据墓志可知，墓主汪
妹真，戴胜之妻。志文未载墓主生卒
年月，仅载其迁葬于万历辛亥年（万
历三十九年）十二月。

61. 青花开光杂宝纹盘

1988 年江西省广昌县千善乡大际大队天启
元年（1621 年）吴念虚夫妇合葬墓出土
现藏江西省广昌县博物馆
口径 21、足径 13、高 3 厘米

出土 4 件，造型、胎质、青花发色、构图风格相同，大小各 2 件，此盘为小盘，大盘残，复原口径 36.3、足径 22、高 5.8 厘米。菱口，宽平沿外折，斜壁，平底，内心微下凹，矮圈足。内壁作八莲瓣开光，瓣间以八立柱相隔，立柱内绘朵花，开光内交替绘杂宝、折枝石榴；内底为八连弧纹开光，外侧留白，内绘如意结托书画；外壁以八立柱分出八个区间，衬以写意折枝花卉。通体施釉，釉色乳白，釉质细腻、温润，足脊露胎，有粘沙。青花发色蓝艳。

据伴出墓志，并考之以 1947 年重修《东园吴氏家谱》，墓主吴念虚官至福建布政使，卒于万历四十二年（1614 年），夫人何氏卒于万历三十八年（1610 年），天启元年合葬，青花盘均葬于棺内，用作寿盘，每棺 2 件，两两对扣，枕在墓主头下，是专为随葬而制作的明器，故这件瓷盘的制作年代应为万历三十八年以前。1990 年广昌县千善乡大际大队明墓出土青花开光杂宝纹盘，造型、胎质、釉色、青花发色、装饰风格与此盘相同，1990 年广昌县千善乡大际大队明墓出土青花开光草虫纹盘，造型、胎质、釉色、青花发色与此盘相同，装饰风格相近，区别在于内底装饰题材为草虫。

参考文献

江西广昌县博物馆《明代布政使吴念虚夫妇合葬墓清理简报》，《文物》1993 年第 2 期。

广昌县千善乡大际大队明墓出土青花开光杂宝纹盘

广昌县千善乡大际大队明墓出土青花开光草虫纹盘

62. 青花开光龙纹盘

1990 江西省广昌县驿前镇万历四十六年
（1618 年）墓出土
现藏江西省广昌县博物馆
足径 16 厘米

器残。侈口，斜弧壁，矮圈足。内壁
作八莲瓣开光，瓣间以八立柱相隔，
立柱内上下交替绘几何纹、变形 "卐"
字纹，中间衬以结带，开光内交替绘
向日葵和杂宝；内底为八连弧纹开
光，外区交替绘鳞状水波纹、变形
"卐" 字纹各四组，内区绘蛟龙出海
纹，海浪翻滚，天际古藤盘虬。胎质
细腻，胎体较薄。釉汁晶莹。青花发
色蓝艳。此盘虽残损，但开光内主题
纹饰为龙纹，系首次出现，是青花开
光装饰的新品种，表明万历时期龙纹
已经用于外销瓷的装饰。

据伴出墓志可知，墓主葬于万历四十
六年。

63. 青花蛱蝶纹玉壶春瓶

1966 年江西省南城县北郊周家墩崇祯元年
（1628 年）傅母游氏墓出土
现藏江西省博物馆
口径 9.5、足径 9.5、高 28.5 厘米

出土 1 对，造型、纹饰、胎质、釉色、青花发色均相同。敞口，长颈微束，垂腹，矮圈足。整器以散点式布局手法绘折枝花卉和蛱蝶纹，蝶舞花间，构图方法为二花夹一蝶与二蝶夹一花交错分布，各组纹饰间界以一片小叶，外底心有双线方框"福"字印章款。通体施青白釉，釉面开细片，口沿加饰一周黄褐色釉，圈足下半段和足脊露胎。青花部位釉面凸起，这是明末青花的一种特殊施釉方法，时代特征鲜明，即先整器施一层白釉，在白釉上绘青花，再在青花部位罩一层白釉，入窑高温一次烧成，青花图案凸起一层，显现出比底釉青白、如堆脂的釉。这件器物是研究明末青花瓷及其断代的珍贵实物标本。1990 年广昌县明墓出土青花蛱蝶纹玉壶春瓶，造型、胎质、釉色和装饰风格与此瓶相近；1989 年江西省南城县明墓出土青花蛱蝶纹玉壶春瓶，造型与南城县天启四年（1624 年）墓出土青花松鹤鹿纹瓶相同，胎质、釉色、青花发色和装饰风格与此瓶相近。

据伴出墓志可知，墓主卒于泰昌元年（1620 年）十月，8 年后的崇祯元年十月九日才下葬，停柩历天启一朝，所出青花瓷均为日用器，随葬于棺内，其烧制年代应早于泰昌元年。同出青花瓷还有夔纹"雅"字碟 1 对（见后文彩版 64），出土时盖于瓶口，瓶用以装酒。此碟应是一物二用，平时用作瓶盖，喝酒时用作酒盅。酒盅容易打碎，故品质比瓶略差，所以二者并非一套。

参考文献
薛尧《江西南城明墓出土文物》，《考古》1965 年第 6 期；薛翘、刘劲峰《江西出土的明万历外销青花瓷盘》，《江西历史文物》1985 年第 1 期。

广昌县明墓出土青花蛱蝶纹玉壶春瓶

南城县明墓出土青花蛱蝶纹玉壶春瓶

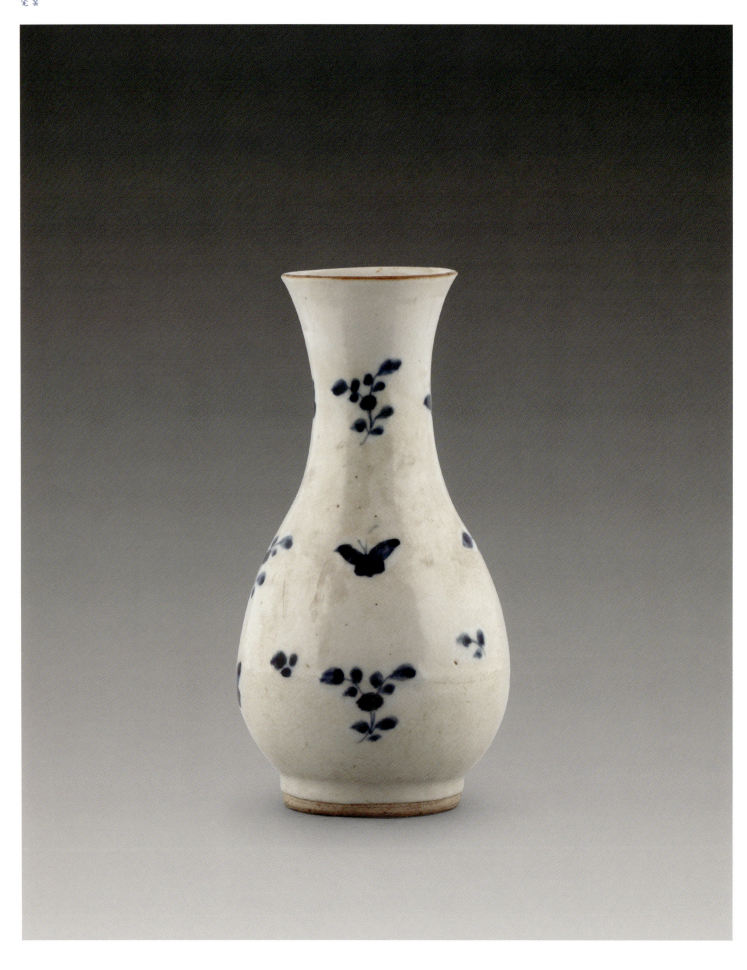

64. 青花夔纹"雅"字碟

1966 年江西省南城县北郊周家墩崇祯元年
（1628 年）傅母游氏墓出土
现藏江西省博物馆
口径 9、足径 4、高 2.5 厘米

出土 1 对，造型、纹饰、胎质、釉色、
青花发色均相同。敞口，浅腹，饼足。
内口沿饰弦纹，内底饰写意夔纹，作
草叶龙式，一侧衬以篆书"雅"字。
胎质疏松。通体施釉，釉色乳浊，釉
层较薄，底足露胎，有粘沙。青花发
色灰蓝，局部泛灰。

参考文献

薛尧《江西南城明墓出土文物》，《考古》
1965 年第 6 期。

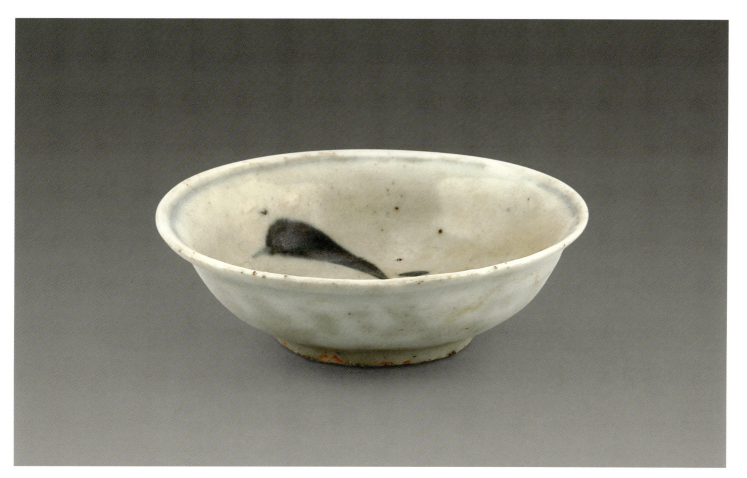

65. 天启款青花龙纹圆砚

1985 年江西省南昌县郊区出土
现藏江西省南昌县博物馆
口径 11.3、底径 11.2、高 4.3 厘米

仿石砚样式，圆柱形，口沿内侧下凹
一周形成墨槽，腹微鼓，假圈足。砚
口有一周题款，砚体绘两条行龙，砚
底有"大明天启造"楷书款。砚面、
足脊露胎，砚底有缩釉痕。青花发色
灰蓝，深处发黑。

66. 青花程东泉墓志

1987 年江西省乐平市天启元年（1621 年）
程东泉夫妇合葬墓出土
现藏江西省博物馆
宽 21.2、高 25.2、厚 1.3 厘米

出土"程公东泉墓志""程公东泉夫
妇墓志铭"各 1 方，造型、胎质、釉色、
青花发色、志文基本相同。程东泉墓
志平面呈长方形，上端倭角。正面勾
出双线边框，上部额题"程公东泉墓
志"，下为楷书志文，18 行，共 404 字。
背面用青花在暗方格内书写 4 行 49
字，记载墓之四至，"其山东至界水
为界，西至界水为界，南至官星半岭
淘沟为界，北至朱超六卖山为界。本
己亥龙入首，作乾山巽向，加亥已三
分"。胎色灰白，胎体厚重。正面施
青白釉，侧面、背面露胎。青花发色
蓝艳。程东泉夫妇墓志铭背面无铭款。

这方墓志内容丰富，包括姓名、籍贯、
家世、生平事迹、婚配子嗣、生卒时
间、下葬时间、地点、墓冢朝向等，
书写工整，有志有铭，体例完备，史
料价值较高。

参考文献

范凤妹《江西乐平发现明天启元年瓷墓志》，
《江西文物》1989 年第 1 期。

程公東泉墓誌

恩

君諱永禎號東泉行格三三先世自檜公迁景德鎮居東山東
資政學士封開國侯贈光祿大夫謚忠章靖食邑三百
戶從祀三學君其十五世孫也君大父諱文英大母
津母朱氏奉四子仲卯君也娶陳氏空子諱林備太學生納次
盧氏林備太學生諱規昆狀撙甫補太學道廩生一女林初佐
山東布政司經歷陞同知燮州事君性孝友退讓護慈並童
未當一訟公庭鄉評催重癸卯奉
例冠帶兩歛于鄉學師錄其梗桃以故之君生嘉靖甲辰六月
初四日享年七十有七孺人生嘉靖癸卯四月廿一日享年七
十有八均于萬曆庚申橆人以二月初七日先君卒君以七月
初七日相繼換館林裝黃氏次錢氏蘇氏趙氏撙聘陳氏規聘
盧氏林秋未諱孫女一林趙氏出林以是年八月初三日奉君興
孺人合葬于卻邑橫漢橋龍港乾山之陽乞予銘之銘曰
澗以瑇媚山以玉芳嗟維程君邦家之光相以陳氏闌闈肅莊
同臭遐齡鬆栢蒼蒼鐵嗣絶振世代琳琅莫爾玄盧千古永藏
大明天啓元年秋八月初三日歃旦

賜進士出身北京太僕寺正鄉前祕科給事中眷生宋一桂枰撰

孤哀子 庭林 庭檄 泣血立石
    庭博 庭狀 同

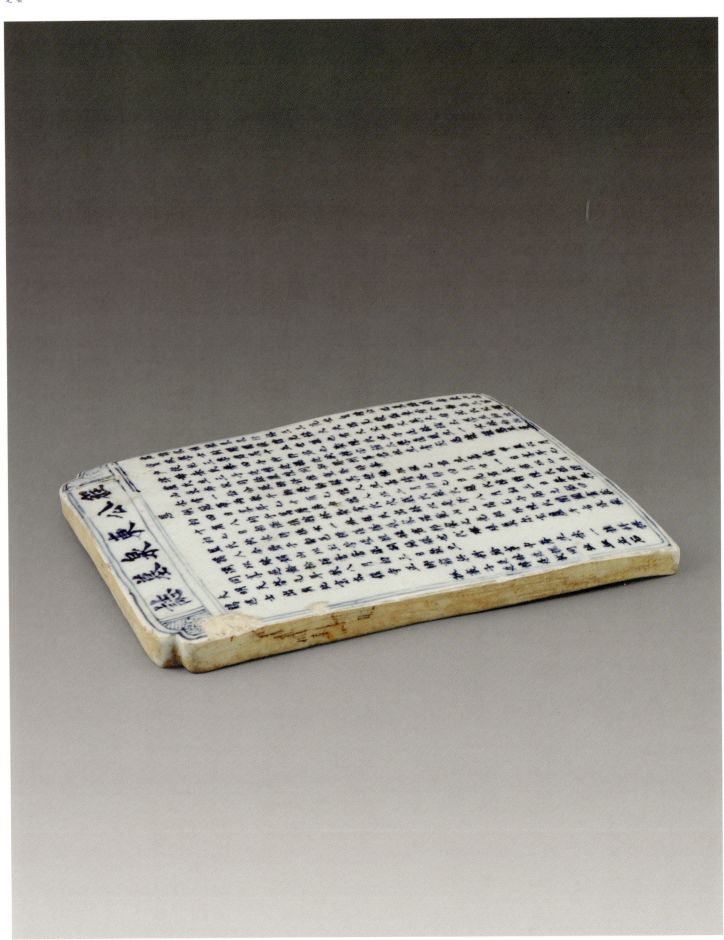

其山東至界水為界西至界水
為界南至官星半嶺淘溝為界
北至朱起六賣山為界本己亥
龍入首作乾山巽向加亥己三分

67. 青花开光松鹿纹盘

1986年江西省广昌县天启二年（1622年）
何母黄氏墓出土
现藏江西省广昌县博物馆
口径 21.2、足径 11、高 3.8 厘米

器残。敞口，浅腹，矮圈足。内壁八开光内绘折枝石榴，立柱内填朵花；内底近景为双鹿相视，衬以石榴、小草，远处为松林；外壁为五开光式，开光内绘装饰性朵花。胎质粗疏，有窑裂。釉色白中泛青，釉层较薄，足脊露胎，有粘沙。青花发色灰蓝。

据伴出墓志可知，墓主何母黄氏系布政司经历何孔进之妻，病逝于天启元年（1621年），天启二年下葬。20世纪80年代以来，江西省广昌县境内在基本建设过程中发现了不少随葬青花瓷的明墓，往往在文物工作者到达现场时，随葬器物已被人哄抢、私分甚至砸碎，限于当时的认识水平，只注意收集出土瓷器、青铜器等器物，往往忽视具有重要研究价值的石质墓志、地券等。此墓是唯一一座在收集器物的同时，将墓志也收藏到博物馆的墓葬，极为难得。

何母黄氏墓出土墓志正面

何母黄氏墓出土墓志背面

68. 青花开光池塘芦雁纹盘

1990 江西省广昌县旴江镇云庄天启二年
（1622 年）墓出土
现藏江西省广昌县博物馆
口径 28、足径 14、高 5 厘米

出土 1 对，两两相扣，用作寿盘，造
型、纹饰、胎质、釉色、青花发色相
同。宽平沿外折，斜弧壁，矮圈足。
内外壁均作八莲瓣开光，瓣间以八立
柱相隔。内壁立柱内上下交替绘几何
纹、变形"丗"字纹，中间衬以结带，
开光内交替绘向日葵和杂宝；内底为
八连弧纹开光，外区交替绘鳞状水波
纹、变形"丗"字纹各四组，内区绘
荷塘小景，一只芦雁立于池岸，内外
区之间留白；外壁开光内绘朵花。胎
质细腻，胎体较薄，其中一件口沿、
底心有窑裂痕。釉汁晶莹，足脊露胎，
有粘沙。青花发色一件蓝黑，另一件
蓝艳。

据伴出墓志可知，墓主葬于天启二年。
沉没于天启年间的"万历号"商船出
水瓷器中包括一批此类装饰风格的青
花盘。

参考文献
广东省博物馆编《牵星过洋——万历时代的
海贸传奇》，第 309 页，岭南美术出版社，
2015 年。

"万历号"沉船出水青花开光池塘芦雁纹盘

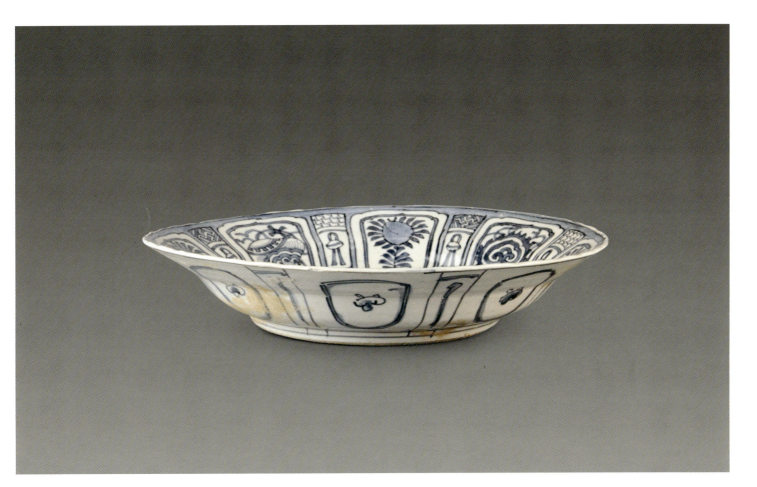

69. 青花松鹤鹿纹梅瓶

1965 年江西省南城县天启四年（1624 年）
墓出土
现藏江西省博物馆
口径 6.2、底径 9.3、高 27.5 厘米

出土 1 对，造型、纹饰、胎质、釉色、
青花发色相同。口微侈，圆唇，长颈
微束，丰肩，下腹内收，假圈足。腹
部饰两组图案，一为劲松，近根部点
缀三株小草，一为鹤鹿同春图，寓意
福、禄、寿，仙鹤飞翔欲降，梅鹿悠
然作起步状，禽兽对视，富有生气，
外底心有双线方框"玉堂佳器"四字
印章款。通体施釉，釉色乳浊，釉下
开冰裂纹，口沿加饰一周黄褐色釉，
足脊露胎，有粘沙。青花发色深蓝，
局部泛灰，有少量铁斑，风格与前述
崇祯元年（1628 年）傅母游氏墓出
土青花蛱蝶纹玉壶春瓶相近。

参考文献
古湘、陈柏泉《介绍几件元、明青花瓷器》，
《文物》1973 年第 12 期。

70. 青花开光池塘芦雁纹盘

1990 江西省广昌县甘竹镇洙溪村崇祯四年
（1631 年）唐可敬墓出土
现藏江西省广昌县博物馆
口径 31、足径 15.8、高 5.6 厘米

菱口，宽平沿外折，斜弧壁，矮圈足。内外壁均作八莲瓣开光，瓣间以八立柱相隔。内壁立柱上下交替绘几何纹、变形"卐"字纹，中间衬以结带，开光内交替绘向日葵和杂宝；内底为八连弧纹开光，外区交替绘鳞状水波纹、变形"卐"字纹各四组，内区绘荷塘芦雁，荷花盛开，荷叶硕大，双雁相顾，内外区之间留白；外壁开光内绘朵花。胎质细腻，胎体较薄，口沿有窑裂一道。釉汁晶莹，足脊露胎，有粘沙。青花发色深蓝，积青处呈蓝黑色。

据伴出墓志可知，墓主卒于天启五年（1625 年），葬于崇祯四年，死后7 年才下葬。此墓共出土 2 件青花开光池塘芦雁纹盘，两两相扣，造型、胎质、釉色、青花发色、装饰风格相同，仅内底题材有细微差异，是外销瓷风格的寿盘。出土于棺内，置于墓主头部，其制作年代在天启年间的可能性更大。1990 年广昌县千善乡大际大队明墓出土青花开光池塘芦雁纹盘、1987 年江西省南城县明墓出土青花开光池塘芦雁纹盘，造型、胎质、釉色、青花发色、装饰风格与此盘相近，荷兰收藏家倪汉克捐赠给上海博物馆的外销瓷中有一件青花开光盘装饰风格与此盘相近。

参考文献

孙敬民《江西广昌发现明代崇祯纪年墓》，《江西文物》1990 年第 4 期；上海博物馆编《海帆留踪：荷兰倪汉克捐赠明清贸易瓷》，第 54、55 页，上海书画出版社，2009 年。

广昌县千善乡大际大队明墓出土
青花开光池塘芦雁纹盘

南城县明墓出土青花开光池塘芦雁纹盘

倪汉克捐赠青花开光盘

71. 青花开光池塘芦雁纹盘

1990 江西省广昌县甘竹镇洙溪村崇祯四年
（1631 年）唐可敬墓出土
现藏江西省广昌县博物馆
口径 31、足径 16、高 5 厘米

折断成数块，可修复。菱口，宽平沿
外折，斜弧壁，矮圈足。内外壁均作
八莲瓣开光，瓣间以八立柱相隔。内
壁立柱上下交替绘鳞状水波纹、变形
"卐"字纹，中间衬以结带，开光内
交替绘向日葵和杂宝；内底为八连弧
纹开光，外区交替绘鳞状水波纹、变
形"卐"字纹各四组，内区绘荷塘芦
雁，双雁立于岸边，一只雁面向池塘，
头埋于腋下，另一只雁紧随其后，作
抬头缩颈式，内外区之间留白；外壁
开光内绘朵花。胎质细腻，胎体较薄。
釉汁晶莹，足脊露胎，有粘沙。青花
发色深蓝，积青处呈蓝黑色。

参考文献
孙敬民《江西广昌发现明代崇祯纪年墓》,《江
西文物》1990 年第 4 期。

72. 青花松鹤鹿纹瓶

1982 年江西省南城县岳口公社女冠山崇祯
七年（1634 年）益定王朱由木夫妇合葬墓
次妃王氏墓室出土
现藏江西省博物馆
口径 9.6、足径 9.8、高 27.5 厘米

侈口，圆唇，束颈，鼓腹下收，矮圈足。腹部饰两组图案，一为劲松，近根部点缀两株小草，一为飞鹤与回首鹿，构图疏朗，画面写意，外底有双线方框"雅"字行书印章款。通体施釉，釉色乳浊，釉层肥厚，釉下开冰裂纹，口沿加饰一周黄褐色釉，足脊露胎。青花发色深蓝，积青处呈蓝黑色，有铁锈斑痕。江西省博物馆藏青花松鹿纹瓶，造型、胎质、釉色和装饰风格与此瓶相近。

此墓共出土瓷器 11 件。其中，朱由木墓室出土龙泉青瓷 3 件，即龙泉青釉刻花花卉纹瓶 2 件、龙泉青釉印花牡丹纹盘 1 件；元妃黄氏墓室出土青花瓷 4 件，即青花松鹤鹿纹瓶、青花云龙纹盘残器各 2 件；次妃王氏墓室出土龙泉青釉刻花花卉纹菱口盘 1 件、青花瓷 4 件，青花瓷即青花松鹤鹿纹瓶、青花花蝶纹瓶各 1 件及青花草叶纹碟 2 件，碟出土时分别盖在两件瓶的瓶口，内底分别有"佳""雅"

字款。这几件青花瓷的胎质、釉色、青花发色和装饰风格分别与天启四年（1624 年）、崇祯七年墓出土同类器相同。据伴出墓志可知，黄氏卒于天启五年（1625 年），朱由木卒于崇祯七年三月，王氏死于崇祯七年十月，同年十二月与朱由木合葬。

参考文献

江西省文物工作队《江西南城明益定王朱由木墓发掘简报》，《文物》1983 年第 2 期。

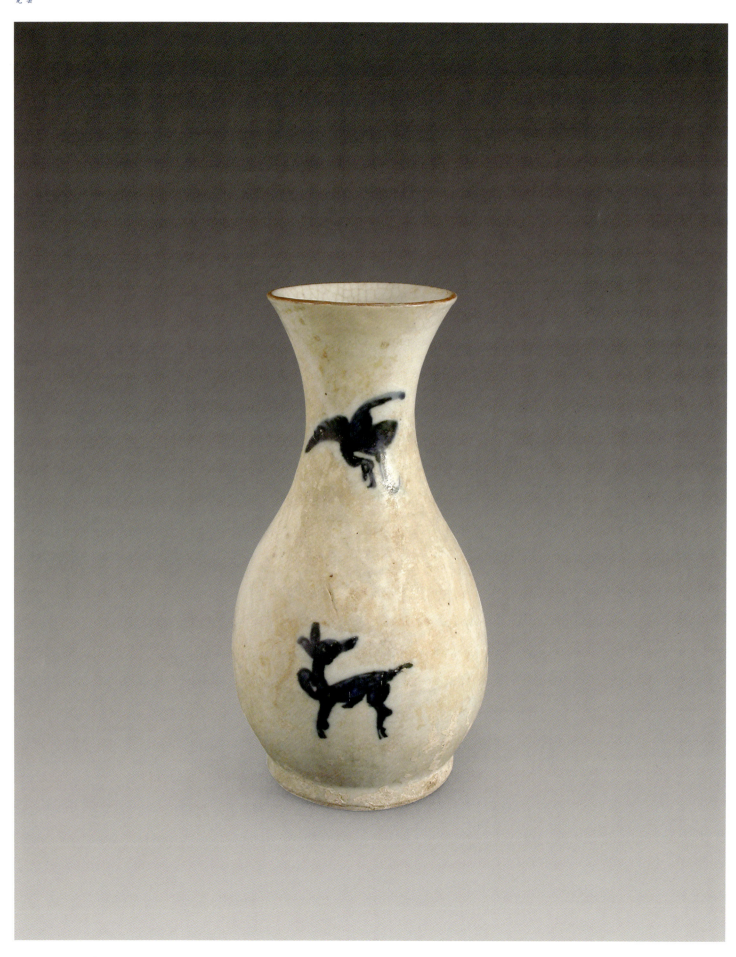

朱由木墓室出土龙泉青釉印花牡丹纹盘

朱由木次妃王氏墓室出土龙泉青釉刻花花卉纹菱口盘

江西省博物馆藏青花松鹿纹瓶

朱由木次妃王氏墓室出土青花草叶纹碟

朱由木墓室出土龙泉青釉刻花花卉纹瓶

73. 青花松鹤鹿纹瓶

1982 年江西省南城县岳口公社女冠山崇祯
七年（1634 年）益定王朱由木夫妇合葬墓
元妃黄氏墓室出土
现藏江西省博物馆
口径 9.4、足径 9.9、高 26.5 厘米

出土 2 件，造型、装饰相同，大小略
异，均残破，可修复。侈口，圆唇，
束颈，鼓腹下收，矮圈足。腹部饰两
组图案，一为劲松，近根部点缀小草、
石榴，一为飞鹤与回首鹿，外底有双
线方框"雅"字行书印章款。胎质粗
松，胎体厚重。通体施釉，釉色乳浊，
釉下开冰裂纹，口沿加饰一周黄褐色
釉，足脊露胎，有粘沙。青花发色深
蓝，积青处呈蓝黑色。

参考文献

江西省文物工作队《江西南城明益定王朱由
木墓发掘简报》，《文物》1983 年第 2 期。

74. 青花胡时爱墓志

1985 年江西省婺源县崇祯八年（1635 年）
胡时爱墓出土
现藏江西省婺源博物馆
宽 14.7、高 20.2、厚 2.5 厘米

长方形，倭角。上部为青地白花莲纹，
两侧为变形回纹，用青料渲染，中部
用青料书写志文。胎质细腻。正面施
釉，釉色洁白，背面露胎。青花发色
蓝艳。志文记载了墓主考川胡时爱生
卒时间及夫君龙溪俞氏、子女的相关
情况，有"崇祯八年乙亥春立墓志永
垂不朽"款，知墓主葬于崇祯八年。
考川胡氏、龙溪俞氏均为徽州望族，
此方墓志对于研究当地社会史、家族
史具有史料价值。

参考文献

彭明瀚《江西纪年墓出土明代景德镇民窑青花
瓷研究》，《故宫博物院院刊》2007 年第 1 期。

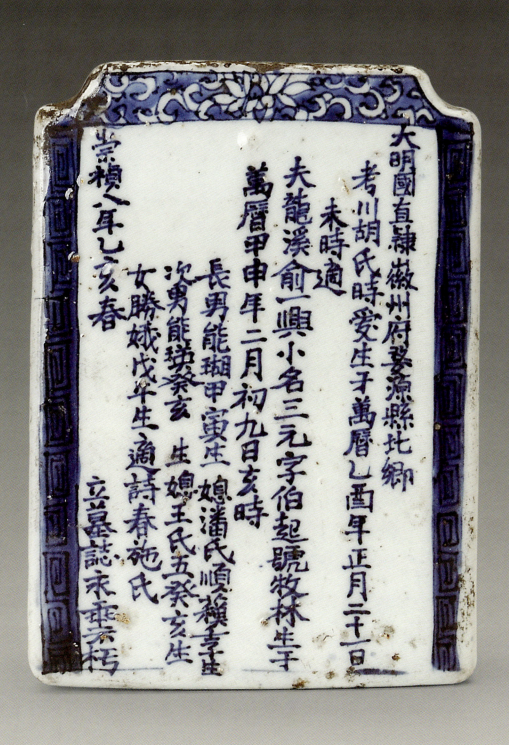

大明國直隸徽州府婺源縣比鄉

考川胡氏時愛生于萬曆乙酉年正月二十一日未時適

夫龍溪俞一興小名三元字伯起號牧林生于萬曆甲申年二月初九日亥時

長男能瑚甲寅生　媳潘氏順久禛壬申

次男能琭癸亥生　媳王氏五癸亥生

女勝娥戊午生適詩春施氏

崇禎八年乙亥春立墓誌永垂不朽

75. 青花开光池塘芦雁纹盘

1991 年江西省广昌县盱江镇寿母坑崇祯
九年（1636 年）墓出土
现藏江西省广昌县博物馆
口径 28.9、足径 15.1、高 5 厘米

敞口，宽平沿外折，斜弧壁，矮圈足。
内壁作八莲瓣开光，瓣间以八立柱相
隔，立柱上下交替绘鳞状水波纹、变
形"卐"字纹，中间衬以结带，开光
内交替绘向日葵和杂宝；内底为八连
弧纹开光，外区交替绘鳞状水波纹、
变形"卐"字纹各四组，内区绘荷塘
小景，一只芦雁立于池岸，引颈鸣叫，
内外区之间留白；外壁作六开光式，
间以立柱，开光内绘朵花，绘画草率。
胎质略粗。釉色白中泛青，釉层略薄，
外底有缩釉痕，足脊露胎，有粘沙。
青花发色灰蓝。

此墓共出土青花盘 2 件，两两相扣，
用作寿盘，造型相同，装饰风格相近，
仅内底装饰题材有异。据伴出墓志可
知，墓主葬于崇祯九年。沉没于天启
年间的"万历号"商船出水瓷中包括
一批此类装饰风格的青花盘。

"万历号"沉船出水青花开光池塘芦雁纹盘

参考文献
广东省博物馆编《牵星过洋——万历时代的
海贸传奇》，第 309 页，岭南美术出版社，
2015 年。

76. 青花开光池塘鱼藻纹盘

1991 年江西省广昌县旴江镇寿母坑崇祯
九年（1636 年）墓出土
现藏江西省广昌县博物馆
口径 27.9、足径 14.2、高 5 厘米

敞口，宽平沿外折，斜弧壁，矮圈足。
内壁作八莲瓣开光，瓣间以八立柱相
隔，立柱上下交替绘鳞状水波纹、变
形"卐"字纹，中间衬以结带，开光
内交替绘向日葵和杂宝，内底为八莲
弧纹开光，外区交替绘鳞状水波纹、
变形"卐"字纹各四组，内区绘池塘
小景，水中有水藻、残荷，一条鲤鱼
跃出水面，内外区之间留白；外壁作
六开光式，间以立柱，开光内绘朵花，
绘画草率。胎质略粗。釉层略薄，外
底有缩釉痕，足脊露胎，有粘沙。青
花发色蓝艳。

77. 青花开光牡丹纹盘

1986 年江西省广昌县盱江镇寿母坑南明
弘光元年（1645 年）墓出土
现藏江西省广昌县博物馆
口径 25.8、足径 13.7、高 5 厘米

敞口，宽平沿外折，斜弧壁，矮圈足。
内壁作八莲瓣开光，瓣间以八立柱相
隔，立柱上下交替绘鳞状水波纹、变
形"卐"字纹，中间衬以三圆点，开
光内交替绘向日葵和杂宝；内底为八
连弧纹开光，外区交替绘鳞状水波纹、
变形"卐"字纹各四组，内区绘折枝
牡丹，内外区之间留白；外壁为四开
光式，开光内绘朵花，画风写意。胎
质细腻，胎体较薄。釉汁晶莹，足脊
露胎，有粘沙。青花发色蓝艳、明快。
江西省抚州市博物馆藏青花开光鹿纹
盘，造型、胎质、釉色和装饰风格与
此盘相近。

据伴出墓志可知，墓主葬于南明弘光
元年。此墓共出土青花盘 3 件，其中
2 件出土于棺内，置于墓主头部，相
互扣合，用作寿盘，造型、胎质、釉
色、青花发色相同，唯盘内装饰有差
异，主题纹饰为杂宝纹；同出另 1 件
为青花开光花鸟纹盘残底，青花发色
靛蓝，与另 2 件盘略有差别。

抚州市博物馆藏青花开光鹿纹盘

参考文献

姚澄清等《试谈广昌纪年墓出土的青花瓷盘》，
《江西文物》1990 年第 2 期。

78. 青花开光杂宝纹盘

1986 年江西省广昌县旴江镇寿母坑南明
弘光元年（1645 年）墓出土
现藏江西省广昌县博物馆
口径 28、足径 13.5、高 5.5 厘米

造型、胎质、釉色、青花发色与同
墓所出青花开光牡丹纹盘相同，唯
盘心装饰有差异，主题纹饰为杂宝
纹，外壁为五开光式，开光内绘朵花，
画风写意。1993 年江西省于都县出
土青花开光杂宝纹盘，与此盘装饰
风格类似。

参考文献

姚澄清等《试谈广昌纪年墓出土的青花瓷盘》，
《江西文物》1990 年第 2 期。

于都县出土青花开光杂宝纹盘

广昌县旴江镇椒坑村明墓出土青花开光花鸟纹盘

79. 青花开光花鸟纹盘

1986 年江西省广昌县旴江镇寿母坑南明
弘光元年（1645 年）墓出土
现藏江西省广昌县博物馆
足径 11.5 厘米

残底。内底为八连弧纹开光，外区交
替绘鳞状水波纹、变形"卐"字纹各
四组，内区牡丹开放，一只绶带鸟立
于岩石上，天边缀以祥云。青花发色
深蓝。1988 年广昌县旴江镇椒坑村
明墓出土青花开光花鸟纹盘、1990
年广昌县千善乡大际大队明墓出土青
花开光花鸟纹盘及江西省抚州市博物
馆藏青花开光花鸟纹盘，造型、胎质、
釉色及装饰风格与此盘相近。

参考文献

姚澄清等《试谈广昌纪年墓出土的青花瓷盘》，
《江西文物》1990 年第 2 期。

广昌县千善乡大际大队明墓出土青花开光花鸟纹盘

抚州市博物馆藏青花开光花鸟纹盘

参考文献

1. 古籍

《明史》，中华书局，1974 年。

《明实录》，中华书局，2016 年。

（明）陈子龙等《明经世文编》，中华书局，1962 年。

（明）申时行等《明会典》，中华书局，1989 年。

（明）张燮《东西洋考》，中华书局，1981 年。

（明）张萱《疑耀》，《岭南遗书》本。

（明）王宗沐纂修，（明）陆万垓增修《江西省大志》，（台北）成文出版社，1982 年。

（明）王世懋《二酉委谭摘录》，中华书局丛书集成初编本，1985 年。

（明）王士性《广志绎》，中华书局，1981 年。

（明）宋应星《天工开物》，江西省图书馆藏本。

（清）张履祥《杨园先生全集》，中华书局，2014 年。

（清）蓝浦《景德镇陶录》，《中国陶瓷名著汇编》，中国书店，1991 年。

（清）陈浏《陶雅》，中国书店，1991 年。

（清）《江西通志》，（台北）成文出版社，1982 年。

2. 论著

香港大学冯平山博物馆编《景德镇出土陶瓷》，香港大学冯平山博物馆，1992 年。

中国陶瓷编辑委员会编《中国陶瓷·景德镇民间青花瓷器》，上海人民美术出版社，1994 年。

桂林博物馆编《靖江藩王遗粹——桂林博物馆珍藏明代梅瓶》，上海人民美术出版社，2000 年。

江西省博物馆、香港中文大学文物馆编《江西元明青花瓷》，香港中文大学文物馆，2002 年。

陈伟、周文姬《西方人眼中的东方陶瓷艺术》，上海教育出版社，2004 年。

梁淼泰《明清景德镇城市经济研究》，江西人民出版社，2004 年。

中国国家博物馆水下考古研究中心、海南省文物保护管理办公室《西沙水下考古 1998 ～ 1999》，科学出版社，2006 年。

江西省文物考古研究所、景德镇民窑博物馆《景德镇湖田窑址：1988 ～ 1999 年考古发掘报告》，文物出版社，2007 年。

首都博物馆编《景德镇珠山出土永乐官窑瓷器》，文物出版社，2007 年。

方志远、谢宏维《江西通史》（明代卷），江西人民出版社，2008 年。

张柏主编《中国出土瓷器全集》，科学出版社，2008 年。

故宫博物院编《故宫陶瓷馆》，紫禁城出版社，2008 年。

上海博物馆编《海帆留踪：荷兰倪汉克捐赠明清贸易瓷》，上海书画出版社，2009 年。

香港城市大学中国文化中心陶瓷下西洋研究小组编《陶瓷下西洋——早期中葡贸易中的外销瓷》，香港城市大学，2010 年。

李知宴主编《中国陶瓷艺术》，外文出版社，2010 年。

江西省博物馆等《江西明代藩王墓》，文物出版社，2010 年。

吕章申主编《中国古代瓷器艺术》，安徽美术出版社，2011 年。

天津博物馆编《天津博物馆藏瓷》，文物出版社，2012 年。

吕章申主编《瓷之韵》，中华书局，2012 年。

郑培凯主编《逐波泛海——16 ～ 17 世纪中国陶瓷外销与物质文明扩散国际学术研讨会论文集》，香港城市大学中国文化中心，2012 年。

马锦强《澳门出土明代青花瓷器研究》，社会科学文献出版社，2014 年。

广东省博物馆编《牵星过洋——万历时代的海贸传奇》，岭南美术出版社，2015 年。

刘淼、胡舒扬《沉船、瓷器与海上丝绸之路》，社会科学文献出版社，2016 年。

叶佩兰主编《海外遗珍·陶瓷》卷三《明代陶瓷》，北京大学出版社，2016 年。

彭明瀚《明清景德镇外销瓷与制瓷技术外传》，文物出版社，2017 年。

中国古陶瓷学会编《中国古陶瓷研究》（第六辑），紫禁城出版社，2000 年。

中国古陶瓷学会编《中国古陶瓷研究》（第十四辑），紫禁城出版社，2008 年。

3. 译著

［法］殷宏绪著，景德镇陶瓷馆资料编印组译《法国人殷宏绪记录的景德镇清代瓷俗》，《景德镇陶瓷习俗》附录，江西高校出版社，2004 年。

［意］利玛窦、金尼阁著，何高济等译《利玛窦中国札记》，中华书局，1983 年。

［德］雷德侯著，张总等译《万物》，生活·读书·新知三联书店，2005 年。

［德］贡德·弗兰克著，刘北成译《白银资本：重视经济全球化的东方》，中央编译出版社，2008 年。

［英］保罗·约翰逊著，黄中宪等译《艺术的历史》，上海人民出版社，2008 年。

［英］马丁·坎普主编，余君珉译《牛津西方艺术史》，外语教学与研究出版社，2009 年。

［美］罗伯特·芬雷著，郑明萱译《青花的故事》，（台北）猫头鹰出版社，2011 年。

［荷］费莫·西蒙·伽士特拉著，倪文君译《荷兰东印度公司》，东方出版中心，2011 年。

［英］霍吉淑著，赵伟等译《大英博物馆藏中国明代陶瓷》，故宫出版社，2014 年。

4. 外文著作

Colin Sheaf, Richard Kilburn, *The Hatcher Porcelain Cargoes*, Phaidon Christie's, Oxford, 1988.

Larry Gotuaco, *Chinese and Vietnamese Blue and White Wares Found in the Philippines*, Makati City, Philippines：Bookmark, 1997.

5. 论文

陈万里《景德镇几个古代窑址的调查》，《文物参考资料》1953 年第 9 期。

江西省文物管理委员会《江西南城明益庄王墓出土文物》，《文物》1959 年第 1 期。

薛尧《江西南城明墓出土文物》，《考古》1965 年第 6 期。

江西省博物馆《江西玉山、临川和永修县明墓》，《考古》1973 年第 5 期。

古湘、陈柏泉《介绍几件元、明青花瓷器》，《文物》1973 年第 12 期。

陈柏泉《从明吴昊十墓志谈昊十九》，《文物》1976 年第 11 期。

唐昌朴《介绍江西出土的几件瓷器》，《文物》1977 年第 4 期。

刘新园、白焜《景德镇湖田窑考察纪要》，《文物》1980 年第 11 期。

欧阳世彬、黄云鹏《介绍两座明景泰墓出土的青花、釉里红瓷器》，《文物》1981 年第 2 期。

李海根、夏金瑞《大余县出土明代青花瓷瓶》，《江西历史文物》1981 年第 1 期。

李科友、彭适凡《明昭勇将军戴贤夫妇合葬墓》，《江西历史文物》1982 年第 1 期。

欧阳世彬《景德镇东河流域古瓷窑址调查简报》，《中国陶瓷》1982 年第 7 期。

江西省文物工作队《江西南城明益宣王朱翊钶夫妇合葬墓》，《文物》1982 年第 8 期。

杨后礼《明万历青花龙纹缸》，《江西历史文物》1983 年第 1 期。

江西省文物工作队《江西南城明益定王朱由木墓发掘简报》，《文物》1983 年第 2 期。

杨后礼《江西明代纪年墓出土的青花瓷器》，《江西历史文物》1983 年第 3 期。

黄颐寿《明成化青花串枝花瓷炉》，《文物》1984 年第 3 期。

范凤妹《江西乐平发现明天启元年瓷墓志》，《江西文物》1989 年第 1 期。

钱江《十七至十八世纪中国与荷兰的瓷器贸易》，《南洋问题研究》1989 年第 1 期。

姚澄清等《试谈广昌纪年墓出土的青花瓷盘》，《江西文物》1990 年第 2 期。

孙敬民《江西广昌发现明代崇祯纪年墓》，《江西文物》1990 年第 4 期。

卢国复《江西上饶县明嘉靖纪年墓》，《江西文物》1991 年第 3 期。

吴志红《明景泰"奉天敕命"青花瓷牌》，《南方文物》1992 年第 2 期。

江西广昌县博物馆《明代布政使吴念虚夫妇合葬墓清理简报》，《文物》1993 年第 2 期。

刘新园《景德镇珠山出土的明初与永乐官窑瓷器之研究》，《鸿禧文物》创刊号，（台北）鸿禧美术馆，1996 年。

梁惠民《江西乐安明弘治纪年墓》，《南方文物》2003 年第 1 期。

高岳《青花瓷的二百年：中葡文化交流的历史流程》，《长春师范学院学报》2003 年第 1 期。

权奎山《江西景德镇明清御器（窑）厂落选御用瓷器处理的考察》，《文物》2005 年第 5 期。

景德镇明清御窑遗址考古队《景德镇明清御窑遗址考古又有新发现》，《文物天地》2005 年第 9 期。

彭明瀚《江西纪年墓出土明代景德镇民窑青花瓷研究》，《故宫博物院院刊》2007 年第 1 期。

彭明瀚《郑和下西洋·新航路开辟·明清景德镇瓷器外销欧美》，《南方文物》2011 年第 3 期。

山西省考古研究所等《肯尼亚滨海省格迪古城遗址出土中国瓷器》，《文物》2012 年第 11 期。

彭明瀚《荷兰东印度公司与明清景德镇瓷器外销欧洲——贸易全球化视野下的景德镇瓷器文化研究之一》，《南方文物》2013 年第 1 期。

曹金萍、王三营《河南开封明周王府遗址出土青花瓷器》，《文物》2017 年第 4 期。

后　记

　　2001 年，香港中文大学文物馆馆长林业强先生建议与江西省博物馆在香港联合举办"江西元明青花瓷展"，双方商定，江西省博物馆负责组织江西地区相关博物馆收藏的江西历年出土景德镇窑纪年元明青花瓷，香港中文大学负责组织海外收藏的相关传世藏品和沉船出水青花瓷，以及布展、图录出版、展览经费筹措等工作。展览安排在 2002 年，同时举办"江西元明青花瓷国际学术研讨会"。由于我负责策划展览，要在学术研讨会上代表江西省博物馆宣读论文，期间查阅了大量资料。在香港举办的展览和学术研讨会均取得了圆满成功。从此我与景德镇纪年瓷结缘，坚守江西古陶瓷文化阵地。

　　十余年来，我一直关注江西出土的江西民窑瓷器，收集相关考古资料，查阅国内外大量学术成果，完成《吉州窑》（2007 年）、《中国出土瓷器·江西卷》（2008 年）编著任务后，选定"江西纪年宋墓——以纪年青白瓷为中心""江西纪年明墓——以民窑纪年青花瓷为中心"两个课题。在代表性纪年墓发掘简报的选择方面，前者以青白瓷为中心，后者以青花瓷为中心，通过这两个课题，就可以为宋至明景德镇民窑瓷器断代建立年代坐标，学术意义重大。这两个项目均获得国家重点文物保护专项经费资助，并选定文物出版社作为成果发表的首选出版社。在出版过程中，"江西纪年宋墓——以民窑纪年青白瓷为中心"课题，书名为《江西宋代纪年墓与纪年青白瓷》（2016 年）；"江西纪年明墓——以民窑纪年青花瓷为中心"课题的情况复杂一些，考虑到 55 批纪年青花瓷材料，有正式考古简报的仅 10 批，《江西明代藩王墓》（2010 年）一书收录了其中 4 批，对文物标本进行了重新描述，其余的都是从器物学角度发布，而且确定墓葬年代的墓志之类的纪年材料，当时没有发表，现在也已找不到，为了避免这两本书内容部分重复，经反复商定，决定改变编辑方式，确定以江西地区出土代表性纪年青花瓷为坐标，串连相关传世品，以建立明代青花瓷年代序列为目标。循着这一思路，从江西55批128件出土明代纪年民窑青花瓷中选定了79件代表性纪年青花瓷做个案研究，年代从正统二年（1437年）到南明弘光元年（1645年），基本上能反映明代景德镇民窑青花瓷从发展、成熟至极盛，并向清代景德镇青花瓷过渡的历程，可以填补景德镇民窑纪年青花瓷研究的学术空白，学术价值已经超过了原定课题的研究目标。

本研究获国家重点文物保护专项经费、江西省"赣鄱英才555"工程资助，我在为编著本书而收集资料的十余年间，得到了江西省文化厅领导和江西省博物馆、景德镇陶瓷馆、景德镇市陶瓷考古研究所、婺源博物馆、赣州市博物馆、浮梁县博物馆、广昌县博物馆、乐安县博物馆、南昌县博物馆、德兴市博物馆、上饶县博物馆、樟树市博物馆、星子县博物馆等省内众多博物馆的帮助，为我查找资料、观摩相关文物提供方便。本馆同事叶蓉、李宇、赵涛、赵元春、赵力帮助拍摄照片、绘制地图、编辑图片。在本书即将付梓之际，对给予我关心与帮助的领导和同事们表示衷心的感谢！

彭明瀚

2017年春日谷旦于南昌